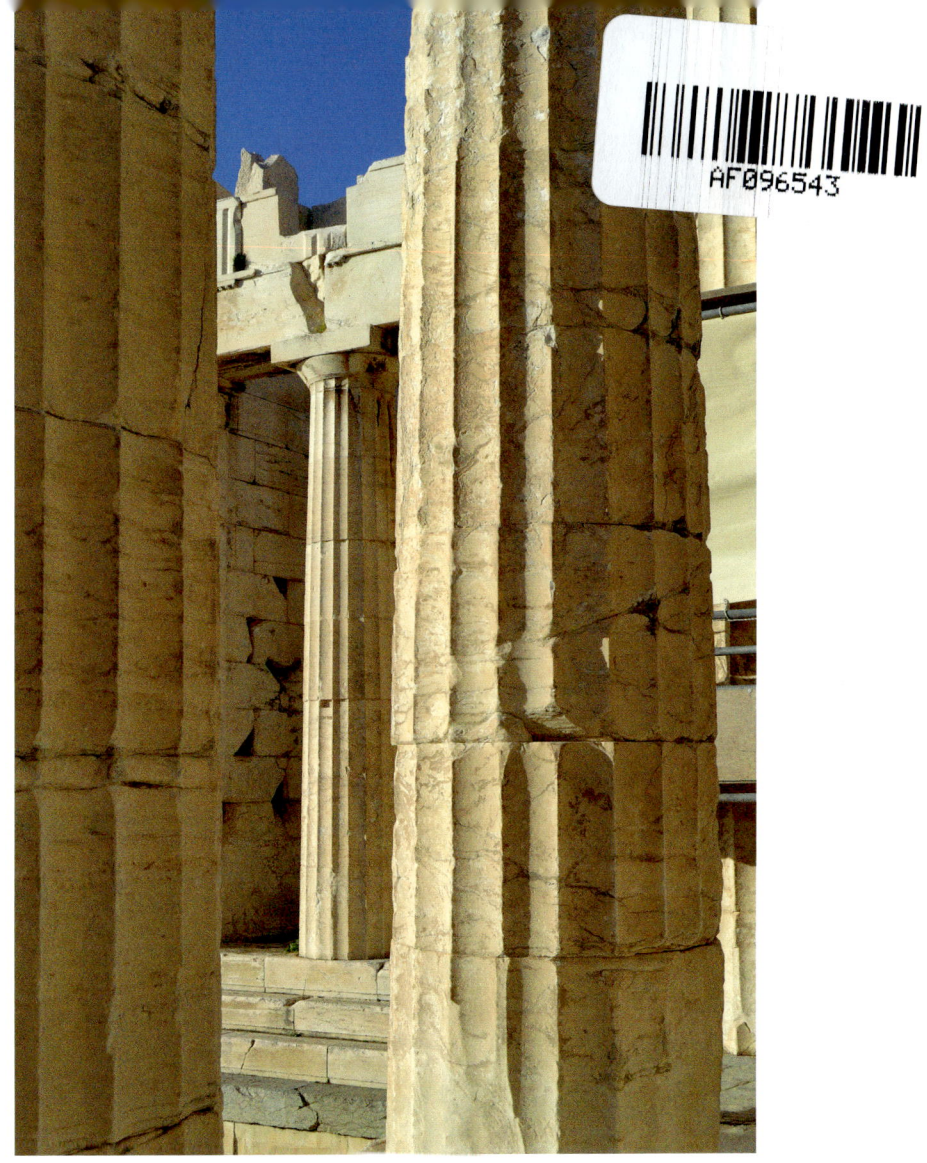

AKROPOLIS
Einführung in das Museum und die Denkmäler

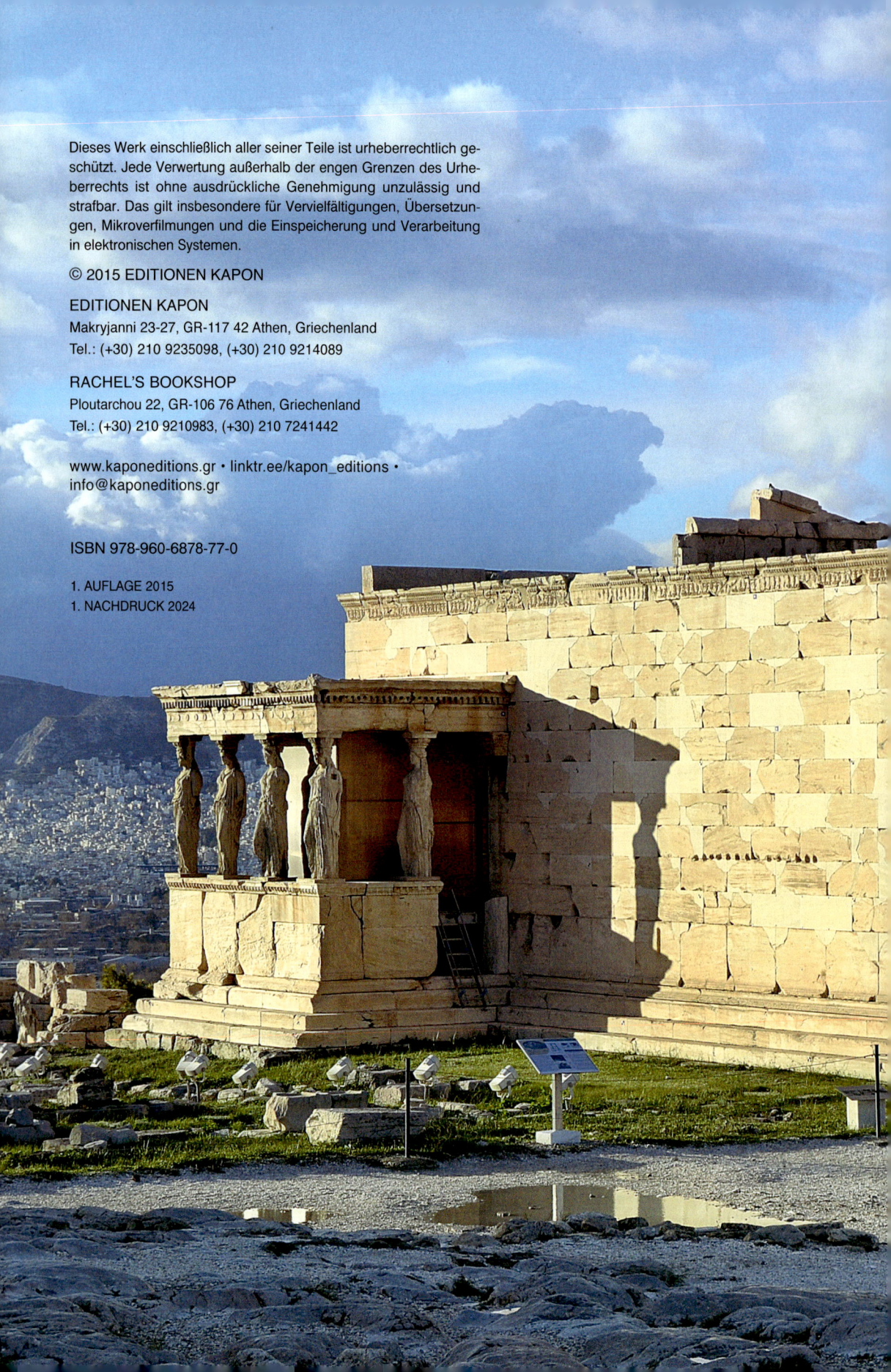

Dieses Werk einschließlich aller seiner Teile ist urheberrechtlich geschützt. Jede Verwertung außerhalb der engen Grenzen des Urheberrechts ist ohne ausdrückliche Genehmigung unzulässig und strafbar. Das gilt insbesondere für Vervielfältigungen, Übersetzungen, Mikroverfilmungen und die Einspeicherung und Verarbeitung in elektronischen Systemen.

© 2015 EDITIONEN KAPON

EDITIONEN KAPON
Makryjanni 23-27, GR-117 42 Athen, Griechenland
Tel.: (+30) 210 9235098, (+30) 210 9214089

RACHEL'S BOOKSHOP
Ploutarchou 22, GR-106 76 Athen, Griechenland
Tel.: (+30) 210 9210983, (+30) 210 7241442

www.kaponeditions.gr • linktr.ee/kapon_editions •
info@kaponeditions.gr

ISBN 978-960-6878-77-0

1. AUFLAGE 2015
1. NACHDRUCK 2024

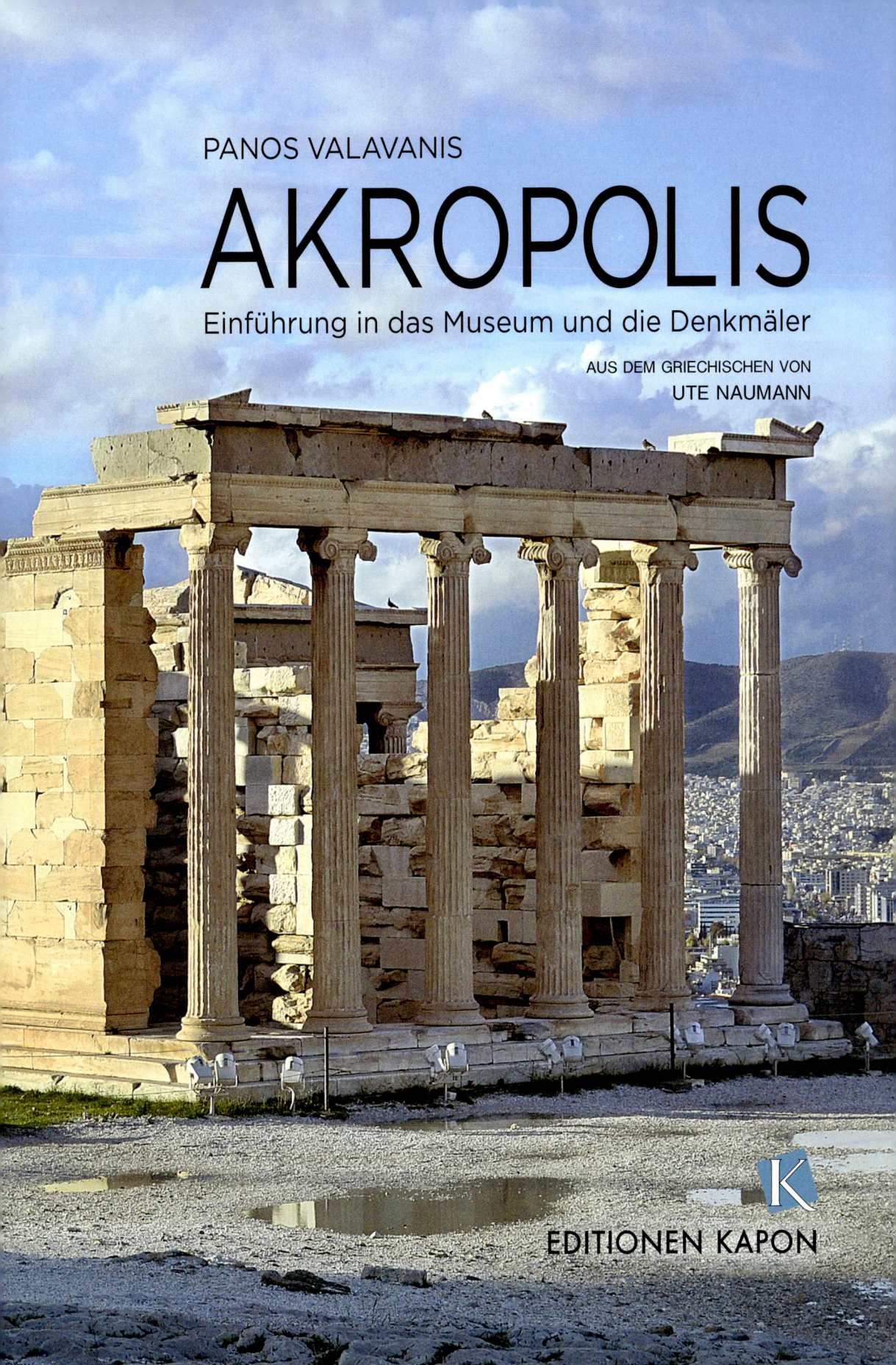

INHALT

ATHEN
- 6 DIE ANTIKE STADT
- 8 DAS MUSEUM UND DAS GELÄNDE DARUNTER
- 10 DIE EXPONATE IM AUFGANG ZUR TREPPE
- 13 **Das Heiligtum der Nymphe**
- 14 **Das Asklepieion**
- 15 **Das Heiligtum und das Theater des Dionysos**

DIE AKROPOLIS
- 16 ZU PRÄHISTORISCHER UND ARCHAISCHER ZEIT
- 17 **Die archaischen Giebel**
- 19 **Die Weihgeschenke**
- 19 **Die Reiter**
- 20 **Die Koren**
- 22 ZUR ZEIT DER PERSERKRIEGE
- 23 **Werke des strengen Stils**
- 24 DIE KLASSISCHE AKROPOLIS
- 26 DIE PROPYLÄEN
- 27 DER TEMPEL DER ATHENA oder UNGEFLÜGELTEN NIKE
- 29 DAS ERECHTHEION
- 31 **Die Karyatiden und der Fries**
- 33 WEIHGESCHENKE AUF DER AKROPOLIS

DER PARTHENON
- 34 **Historisches und politisches Umfeld**
- 37 **Architektonische Merkmale**
- 39 DER PLASTISCHE SCHMUCK
- 41 **Die Metopen**
- 44 **Der Fries**
- 52 **Fries und Panathenäen**
- 53 **Fries und Kunst**
- 54 **Fries und Politik**
- 55 **Die Farbigkeit der Bauwerke**
- 56 **Die Giebel**
- 58 **Stil und hermeneutische Annäherung**
- 59 **Die Akrotere**
- 60 **Das Kultbild**
- 61 **Ideologie und Politik an den Bauten der Akropolis**
- 63 LITERATUR

ATHEN
DIE ANTIKE STADT

Die antike Stadt Athen, der Asty genannte Bezirk, war durch eine Festungsmauer umgrenzt, die auf Betreiben des Themistokles nach der Abwehr der persischen Gefahr (479/8 v. Chr.) errichtet worden war (Abb. 2). Der Mauerring hatte einen Umfang von 6,5 km, umfasste eine Fläche von ca. 200 ha und schloss die Akropolis (1), das religiöse Zentrum der Stadt, die Agora (2), das politische und administrative Zentrum (Abb. 1), sowie den gesamten Wohnbereich (3) ein, in dem eine gemischte Bevölkerung ansässig war: Die Anzahl der freien Athener Bürger in der Stadt und den umliegenden Dörfern ging nicht über 15-20000 Männer hinaus. Nimmt man an, dass jede Familie im Durchschnitt vier Mitglieder hatte, so kommt man auf 60-80000 Athener. Noch einmal so viele müssen in den übrigen, weiter entfernten Dörfern Attikas gelebt haben. Dazurechnen muss man eine große Anzahl von Metöken, d.h. Griechen aus anderen Städten, die in Athen ihrem Gewerbe nachgingen, aber keine politischen Rechte hatten, sowie eine sehr viel größere Anzahl von Sklaven. Somit wäre **die Gesamtbevölkerung Attikas** in der Antike, natürlich mit periodischen Schwankungen, auf etwa 400-500000 Einwohner gekommen.

1. Luftaufnahme der Agora von W. Unten der Tempel des Hephaistos (Theseion), im Zentrum die rekonstruierte Stoa des Attalos

2. Modell der antiken Stadt Athen zu römischer Zeit (I. Travlos – D. Ziro). Markiert sind die wichtigsten Bereiche des von der Festungsmauer umgrenzten Bezirks:
1. Akropolis, 2. Agora, 3. Wohnbereiche, 4. Pnyx, 5. Olympieion, 6. das außerhalb der Festungsmauer gelegene panathenäische Stadion

Athena oder Athen?

Der der Stadt und ihrer Göttin gemeinsame Name ist sicher vorgriechisch, doch lässt sich nicht entscheiden, ob die Stadt nach der Göttin benannt ist, wie spätere Sagen erzählen, oder ob es umgekehrt war, was eher wahrscheinlich ist. Zum ersten Mal begegnet uns die Göttin als Atana Potinija (Herrin) auf einer Linear B-Tafel aus dem Palast von Knossos, wo es Herrin Athena oder auch Herrin von Athen bedeuten kann. Bezeichnenderweise findet sich dies 600 Jahre später auch bei Homer wieder, bei dem sowohl Potnia Athenaia, Herrin von Athen, als auch Potni Athana, Herrin Athena, belegt ist. Von Interesse an dieser engen Wechselbeziehung ist, dass für den Athener im Namen seiner Stadt der Name ihrer Göttin mitklang und in dem der Göttin der Name seiner Stadt. Dass der Name der Stadt in der Antike im Plural, Athenai, gebräuchlich war, kommt daher, dass die frühe Stadt keine zusammenhängende Siedlung war, sondern aus mehreren kleinen, rings um die Akropolis liegenden Gemeinwesen bestand (vgl. Theben, Mykene u.a.).

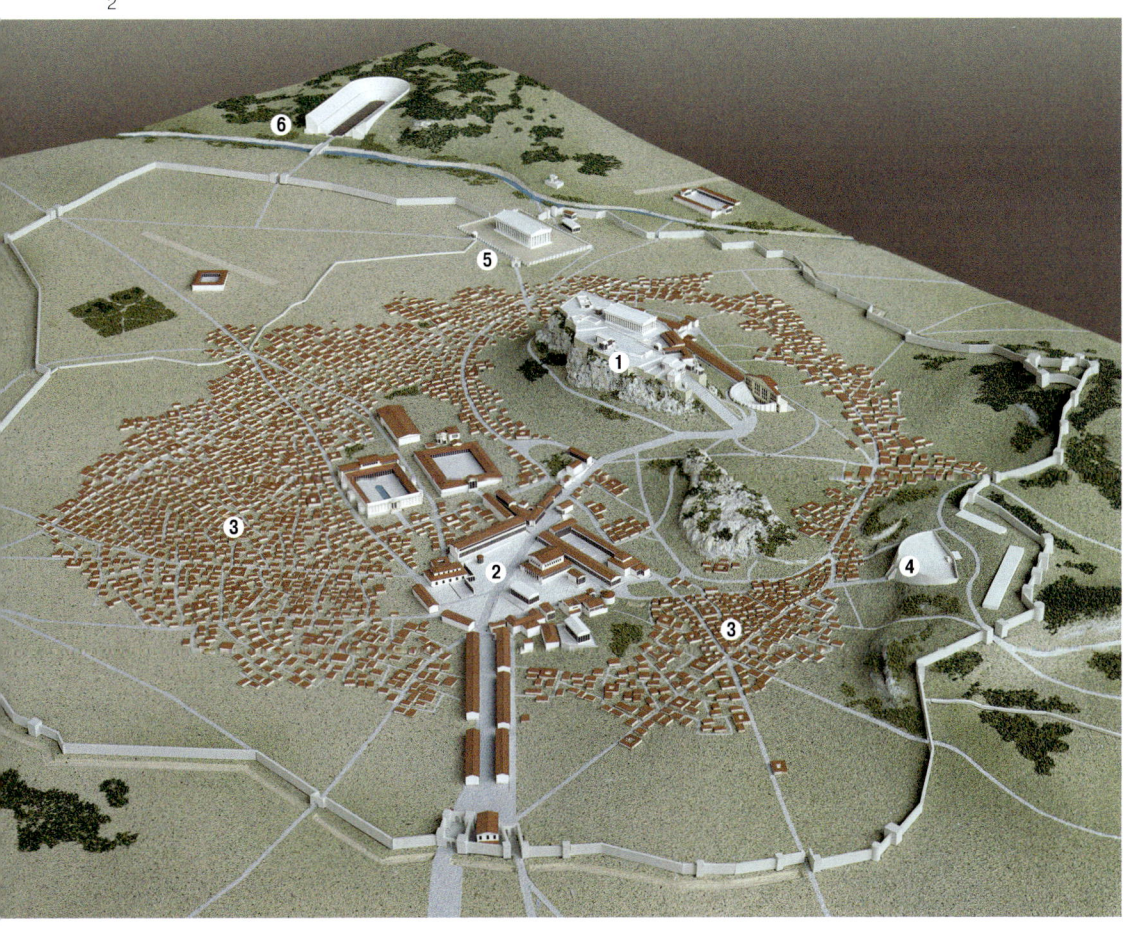

2

DAS MUSEUM UND DAS GELÄNDE DARUNTER

Das Akropolis-Museum, ein eindrucksvoller moderner Bau, wurde etwa 300 m von der Akropolis entfernt an den südlichen Ausläufern des Felsens errichtet und steht in unmittelbarem Sichtkontakt mit ihm. Es hat 25000 m², davon 14000 m² Ausstellungsfläche, auf der die durch hohe ästhetische Qualität und nicht minderen historischen und archäologischen Wert ausgezeichneten antiken Werke in passend gestalteten Räumen Aufnahme gefunden haben (Abb. 4).

Das Erdgeschoss ist überhöht angelegt und überdacht das darunter liegende Ausgrabungsgelände, so dass die Funde darin unversehrt erhalten bleiben. Das erste und zweite Obergeschoss sind, der Form des Grundstücks und dem Verlauf der umliegenden Straßen entsprechend, im Grundriss trapezförmig. Dem gegenüber ist das dritte Obergeschoss, in dem die Skulpturen des Parthenon ausgestellt sind, rechteckig und um 40° gedreht, so dass es dieselbe Ausrichtung wie der Tempel hat. Auch die Maße des Saals entsprechen in den Grundzügen denen des Tempels und bieten damit Raum für den gesamten plastischen Schmuck des Parthenon, wobei die Anordnung der Skulpturen so weit wie möglich ihre ursprüngliche Anordnung am Bau veranschaulicht. Darüber hinaus sind die Wände des Saals aus Glas und ermöglichen nicht nur die Betrachtung der Skulpturen bei natürlichem Licht, sondern auch den unmittelbaren optischen Kontakt mit dem Tempel, was manche Verbindungen besser erkennbar macht.

Die Stelle, an der das Museum errichtet wurde, ist eines der bedeutendsten Gebiete der antiken Stadt. In ebenem Anschluss an den Südabhang der Akropolis lud

3. Das Gelände des Museums vor dem Baubeginn. Rechts der Weiler-Bau. Im Vordergrund die bei den Ausgrabungen freigelegten Baureste, die vom Spätneolithikum bis in byzantinische Zeit datieren

4. Das Akropolis-Museum von NO

5. Überreste aus spätrömischer bis frühbyzantinischer Zeit in der Bodenöffnung vor dem Eingang des Museums

es zum Wohnen ein und wurde so zu einem bevorzugten Siedlungsplatz von den Anfängen der athenischen Vorgeschichte bis heute. Werkstätten, aber auch Gräber fehlen dabei nicht. Diese vielfältige Nutzung des Platzes über die Zeiten hinweg ist durch die Ausgrabung aufgezeigt worden, die dem Bau des Museums voranging und bei der Überreste verschiedener Epochen freigelegt wurden, die von spätneolithischer (Ende 4. Jts. v. Chr.) bis in byzantinische Zeit reichen. Teile der ausgegrabenen antiken Überreste wurden unter dem Museum bewahrt und sind zugänglich sowie durch die Einziehung eines gläsernen Fußbodens und darin angebrachte Öffnungen sichtbar gemacht (Abb. 5). So werden nicht nur die älteren Nutzungsphasen des Geländes vor Augen geführt, sondern ist auch eine ideale 'Grundlage' geschaffen für

die Einsicht in die historische Kontinuität — von der Vergangenheit zur Gegenwart, von der Ausgrabung zum Museum. Eine Kontinuität auf konkreter wie symbolischer Ebene.

Die ununterbrochene menschliche Aktivität am selben Ort hinterließ in Schichten übereinander liegende Relikte, in denen sich die wechselvolle Geschichte der Stadt abprägt. Straßen, Häuser, Werkstätten, Brunnen, Zisternen, Badeanlagen und Gräber. Sie enthielten Tausende von Funden — Skulpturen, Feinkeramik und Kochtöpfe, Lampen, Münzen und Überreste von Hauskulten — die Einblick in das Alltagsleben der alten Athener geben.

Die Geschichte des Ortes setzt fort mit den dort gelegenen Ländereien und dem Haus des Generals Makryjannis, die dem Stadtviertel seinen neueren Namen gaben. 1836 wurde der Weiler-Bau errichtet, der das erste Militärkrankenhaus der neuen Hauptstadt des griechischen Staates war und an den auch die moderne Geschichte des Ortes geknüpft ist (Abb. 3). Ab 1930 war im Weiler-Bau das Regiment der Gendarmerie stationiert, bis 1987 das Zentrum für Akropolis-Studien darin eingerichtet wurde, der Vorbote des neuen Museums.

DIE EXPONATE IM AUFGANG ZUR TREPPE

In den Entwurf des Museums haben die Architekten die landschaftlichen Merkmale der Akropolis einfließen lassen, so dass im Gang durch die Ausstellung der Anstieg zum Felsplateau andeutungsweise nachvollziehbar wird. Demgemäß ist in dem breiten, leicht ansteigenden Aufgang und der Treppe, die ins erste Obergeschoss des Museums führt, der Aufgang zur Akropolis, der immer an der am leichtesten zugänglichen Westseite lag, symbolisch nachgebildet. An den Seiten des Aufgangs sind Funde von den Abhängen der Akropolis ausgestellt, an denen während des gesamten Altertums kleine Heiligtümer lagen und, weiter unten, Häuser. Die Wahl des Ortes für die Heiligtümer war durch die Lage von Höhlen und Quellen bestimmt, wo die Alten Gottheiten anwesend glaubten. Diese Heiligtümer waren Stätten des Volksglaubens, und der in ihnen ausgeübte Kult bestand neben dem offiziellen, staatlichen Kult, der an den großen Tempeln auf der Felshöhe betrieben wurde. Die Athener waren im Altertum für ihre Frömmigkeit und ihre Kultpraktiken berühmt.

In den Wandvitrinen auf der **rechten Seite** des Aufgangs zur Treppe sind in chronologischer Reihenfolge von spätneolithischer (Ende 4. Jts. v. Chr.) bis spätrömischer Zeit (5. Jh. n. Chr.) Tongefäße und andere Gerätschaften aus Häusern, die an die Abhänge der Akropolis gebaut waren, ausgestellt (Abb. 7). Gezeigt werden ferner Werkzeuge und Gefäße aus Werkstätten sowie Objekte, die das Leben der Männer (Symposiongeschirr), der Frauen (Kosmetikzubehör und Haushaltsutensilien) und der Kinder (Spielzeug usw.) illustrieren.

Am Ende der Vitrinen sind einige für den **Hauskult** bezeichnende Funde zu sehen (Skulpturen, Statuetten und kleine Weihgaben), die von kleinen Bildwänden oder aus größeren, für religiöse Zwecke

6. Tönerne Nike, Dachschmuck eines früh-römerzeitlichen Gebäudes (um 15 v. Chr.)

7. Die rechte Seite des Aufgangs zur Treppe, wo Funde aus Häusern, die an die Abhänge der Akropolis gebaut waren, ausgestellt sind

eingerichteten Zimmern stammen. Der eindrucksvollste Fund kam in der Dionysiou-Areopagitou-Straße in Höhe des Herodes Atticus-Odeions zutage und kann mit einiger Wahrscheinlichkeit dem **Heiligtum des Wohn- und Lehrhauses des Proklos** zugeschrieben werden, eines neuplatonischen Philosophen, der um die Mitte des 5. Jhs. n. Chr. in Athen lebte und lehrte. In diesem Hausheiligtum wurden Skulpturen aus dem 4. Jh. v. Chr. gefunden, also Werke, die damals um die 800 Jahre alt waren! Besonders hervorzuheben ist ein würfelförmiger, auf drei Seiten mit Relief verzierter Grabaltar (Abb. 8).

Die beiden auf hohen Sockeln aufgestellten **tönernen Niken** (Abb. 6. 7) lagen zerbrochen in einem Brunnen vor dem Herodes Atticus-Odeion; Arme und Flügel fehlen heute. Sie sind um 15 v. Chr. aus denselben Matrizen hergestellt worden, gehen deutlich auf klassische Vorbilder zurück und müssen als Akrotere das Dach eines in der Nähe gelegenen Gebäudes geziert haben.

8. Würfelförmiger, auf drei Seiten mit Relief verzierter Grabaltar aus dem Heiligtum im Lehrhaus des Proklos. Auf der abgebildeten Seite ist der Tote sitzend im Kreis von Philosophen dargestellt

9. Reliefplatte mit Kränzen und den Namen von Beamten der Stadt, Weihgeschenk aus der Grotte des Apollon unter den Höhen am Nordabhang der Akropolis (spätes 1. Jh. n. Chr.)

10. Drei Gefäße aus Gräbern der geometrischen Zeit am Südabhang der Akropolis, der damals großenteils als Friedhof genutzt wurde (1. Hälfte 8. Jh. v. Chr.)

11. Reliefstele aus Marmor, Weihgeschenk aus dem Heiligtum der Aphrodite Blaute (Mitte 4. Jh. v. Chr.)

12. Grenzstein vom Eingang des Heiligtums der Nymphe, der den Beginn des heiligen Bezirks markierte und zugleich als Hinweistafel fungierte (2. Hälfte 5. Jh. v. Chr.)

13. Rekonstruktion des Opferstocks aus dem Heiligtum der Aphrodite Urania mit Darstellung des Öffnungsverfahrens (Zeichnung K. Kazamiakis)

14. Die linke Seite des Aufgangs zur Treppe, wo Funde aus den Heiligtümern an den Abhängen der Akropolis ausgestellt sind

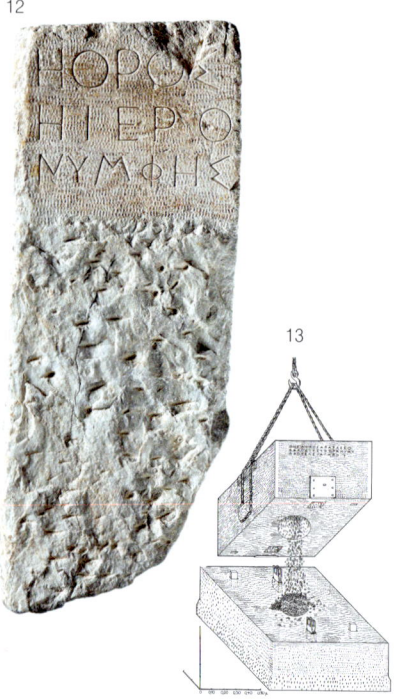

Ausgestellt sind auch Funde aus Heiligtümern von Gottheiten oder Personifikationen, unter deren Schutz **das Eheleben und die Erzeugung von Kindern** gestellt war. Darin kommt die Besorgtheit der Menschen um den Erfolg und den guten Verlauf ihrer Ehe zum Ausdruck, aber auch die Bedeutung, die das Gemeinwesen dem geordneten Familienleben und der Geburt von Kindern als grundlegendem Faktor für den Fortbestand der athenischen Gesellschaft beimaß.

Das erste Exponat ist eine schmale, hohe Marmorstele mit einer aufstrebenden Schlange und darüber einer Sandale mit der in Relief gegebenen Figur des Stifters, das Weihgeschenk eines Silon aus dem Heiligtum der Aphrodite Blaute (Abb. 11). Die Reliefplatte daneben mit geflügelten Eroten, die Weinkannen und Räucherständer tragen, stammt aus dem Heiligtum der Aphrodite Urania, einer anderen Erscheinungsform der Göttin, die ebenfalls eine Schutzgottheit der Ehe war und deren Heiligtum in einer Grotte am Nordabhang der Akropolis lag. Aus demselben Heiligtum stammen auch zwei Marmorquader, die den »thesauros«, d.h. den **Opferstock** des Heiligtums bildeten. Der auf der einen Schmalseite angebrachten Inschrift zufolge warfen die vor der Hochzeit stehenden Athener eine attische Drachme als Anzahlung auf ein Opfer hinein, um eine glückliche Ehe zu erwirken. Wenn die Priester den Opferstock öffnen wollten, entsicherten sie die beiden Schlösser an den Schmalseiten und hoben den 650 kg schweren oberen Block mit einer Winde an, wie in der ausgestellten Rekonstruktionszeichnung gezeigt (Abb. 13).

Das Heiligtum der Nymphe

In den Wandvitrinen auf der **linken Seite** des Aufgangs zur Treppe (Abb. 14) sind Weihgaben ausgestellt, die in den Jahren 1955-1960 in der Dionysiou-Areopagitou-Straße links von der heute ins Herodes Atticus-Odeion führenden Treppe gefunden wurden (Abb. 15-16). Dort lag ein Heiligtum mit Altar, das vom 7.-1. Jh. v. Chr. in Betrieb war. Es gehörte einer Nymphe, wie aus dem in die zweite Hälfte des 5. Jhs. v. Chr. datierten Grenzstein des Heiligtums hervorgeht, der neben den Eingangsschranken des Aufgangs zur Treppe ausgestellt ist (Abb. 12). Diese namenlose Nymphe war eine Schutzgottheit von Hochzeit, Ehe und Geburt von Kindern, und daher weihten die Athener und Athenerinnen in ihr Heiligtum ein besonderes Gefäß, eine Lutrophoros, mit der sie vom Brunnen Kallirrhoe das Wasser für das Brautbad geholt hatten, das als fruchtbar machend galt. Die meisten Darstellungen auf den schwarz- und rotfigurig bemalten Lutrophoren haben Hochzeitsthemen zum Gegenstand (Abb. 17).

15-16. Figürlich bemalte kleine Tontafeln, Weihgaben aus dem Heiligtum der Nymphe (6. Jh. v. Chr.)

17. Schwarzfigurige Hydria-Lutrophoros mit der Darstellung eines Hochzeitszuges, Weihgabe aus dem Heiligtum der Nymphe (um 500 v. Chr.)

Das Asklepieion

Eines der wichtigsten Heiligtümer am Südabhang der Akropolis war das des Heilgottes Asklepios, das an der Stelle einer heilkräftigen Quelle gegründet wurde. Der Kult des Gottes wurde um 420 v. Chr. aus Epidauros nach Athen übertragen, und zwar auf Privatinitiative des Theophilos, eines Bürgers aus dem Demos (Gemeinde) der Acharner. Über die Einzelheiten dieses Vorgangs gibt eine beidseitig beschriebene und mit Reliefs versehene Votivstele Auskunft, die Theophilos im Heiligtum aufstellen ließ und die in ergänzter Form im Museum ausgestellt ist. Die großen Bauten des Heiligtums stammen zumeist aus dem 4. Jh. v. Chr., in dem die Fürsorge für das Heiligtum offenbar vom Staat übernommen wurde (Abb. 22).

Charakteristisch für die in den Heiligtümern des Asklepios dargebrachten Weihgaben sind kleine Wiedergaben geheilter Organe, unter denen Augen überwiegen (Abb. 21), kaum verwunderlich für eine Zeit, in der es noch keine Brillen gab. An der Wand sind vielfigurige Reliefs ausgestellt, auf denen Familiengruppen vor Asklepios aufziehen. Auf diese Weise wollten die Weihenden ihre Person und ihre Opfergabe dem Gott in Erinnerung bringen und damit ihre und ihrer Familie Gesundheit unter dauernden göttlichen Schutz stellen (Abb. 18-19).

18-19. Weihreliefs mit der Darstellung von Familiengruppen und Ärztekollegien, die vor Asklepios aufziehen (4. Jh. v. Chr.)

20. Reliefierte Marmorbasis vom Weihgeschenk eines Arztes mit ärztlichen Instrumenten: ein Kasten mit Skalpellen und zwei Schröpfköpfe

21. Halbgesicht aus Marmor mit eingesetzten Augen, Weihgabe zum Dank für eine Heilung

22. Teilansicht des wiederhergestellten Obergeschosses der Liegehalle im Asklepieion

23. Das Dionysos-Theater am Südabhang der Akropolis

24. Statue eines Papposilens mit dem Kind Dionysos auf der Schulter, das eine Theatermaske hält

25. Marmor-Relief mit lebhaft bewegter Tänzerin (1. Jh. v. Chr.)

Das Heiligtum und das Theater des Dionysos

Die Ausstellung auf der linken Seite des Aufgangs zur Treppe beschließen Funde aus dem Heiligtum und dem Theater des Dionysos am Südabhang der Akropolis (Abb. 23), wo schon seit dem späteren 6. Jh. v. Chr. beim Fest der Großen Dionysien die ersten Theateraufführungen stattfanden. Gezeigt werden drei Darstellungsweisen des Dionysos: als Maske auf einer Säule; in Relief mit seinen Attributen, einer Amphora mit Wein und einem Kantharos, dem für ihn charakteristischen Trinkgefäß, sowie vollplastisch als eine Theatermaske haltendes Kind auf der Schulter eines Papposilens, eines Rollenfachs der antiken Komödie (Abb. 24).

Ausgestellt sind ferner auf das Theater bezügliche Reliefs: eine Stele mit sechs Masken, wohl Schmuck vom Bühnengebäude des Dionysos-Theaters, sowie Marmorplatten mit lebhaft bewegten Tänzerinnen, vielleicht Verkleidungsplatten von der Basis einer Statue oder eines Dreifußes, der bei den Dramenwettbewerben als Siegespreis vergeben wurde (Abb. 25).

AKROPOLIS
PRÄHISTORISCHE UND ARCHAISCHE ZEIT

Die Akropolis, ein Tafelberg von 156,20 m Höhe und rund 250×110 m Flächenausdehnung, war seit prähistorischer Zeit das Lebenszentrum von Athen. Ursprünglich hatte sie wohl reinen Siedlungscharakter als Sitz eines Oberhaupts und einiger herausragender Mitglieder der Gemeinschaft, diente aber gewiss auch der übrigen Bevölkerung als Zufluchtsort bei Gefahr. In mykenischer Zeit (1600-1100 v. Chr.) muss es dort einen Fürstensitz und einen Palast gegeben haben, von dem jedoch keine sicheren Überreste erhalten sind. Um 1250 v. Chr. wurde die Akropolis, wie andere Orte in Südgriechenland auch, mit einer starken, 'kyklopischen' Mauer befestigt, die eine Länge von 760 m hatte und bis zu 10 m hoch war.

Die ersten sicheren archäologischen Zeugnisse für die Existenz eines Heiligtums auf der Akropolis stammen aus dem mittleren 8. Jh. v. Chr. Dabei handelt es sich um Statuetten und vor allem um bronzene Dreifußkessel, mit deren Weihung man die Götter ehrte und zugleich die eigene soziale Stellung hervorkehren konnte. Etwa zur selben Zeit fand anscheinend auch die Zusammenfassung ganz Attikas zu einem einheitlichen Stadtstaat statt. Im Zuge dessen wurde auf der Akropolis ein großes **religiöses Zentrum** für den Kult der Stadtgottheit unter Teilnahme sämtlicher Einwohner geschaffen in der Absicht, die Bevölkerung auch politisch zu einen.

26. Modell der Akropolis im frühen 5. Jh. v. Chr. (M. Korres). Angegeben sind das archaische Propylon, der alte Athenatempel und an der Stelle des archaischen Parthenon der im Bau befindliche Vorparthenon

Die archaischen Giebel

Die ersten Überreste größerer Tempel datieren aus der ersten Hälfte des 6. Jhs. v. Chr., aus der Zeit des Solon und des Peisistratos. Erhalten sind hauptsächlich Teile von Giebelskulpturen aus Poros, die einen Stier reißende Löwen oder Taten des Herakles (Abb. 28) darstellen. Gefunden wurden diese Stücke teils verbaut in der klassischen Akropolismauer, teils verschüttet in den Hinterfüllungen der Burgmauer südlich und südöstlich des Parthenon.

Der größte und eindrucksvollste Giebel, der eine Länge von rund 20 m erreicht, ist am Kopf der ins erste Obergeschoss führenden Treppe ausgestellt (Abb. 7. 14) und stammt wohl von der Westfront des archaischen Parthenon. Dieser große dorische Tempel der Athena mit einer Ringhalle von 6×12 Säulen wurde um 580/70 v. Chr. gegründet und vielleicht 566/5 v. Chr., gleichzeitig mit der Neuordnung des Festes der Panathenäen, eingeweiht. Der Porosgiebel hat kein einheitliches Thema, sondern umfasst drei separate Figurengruppen, die aus Dutzenden von Fragmenten zusammengesetzt und ergänzt wurden. Alle drei Gruppen haben einen Kampf zum Thema (Abb. 27): In der

28

27. Die dem Westgiebel des archaischen Parthenon zugeschriebenen, fragmentarisch erhaltenen Poros-Skulpturen

28. Einer der sogenannten kleinen archaischen Porosgiebel mit der Einführung des Herakles in den Olymp. In der Mitte die thronenden Gestalten von Zeus und Hera, hinter Herakles der ihn geleitende Hermes

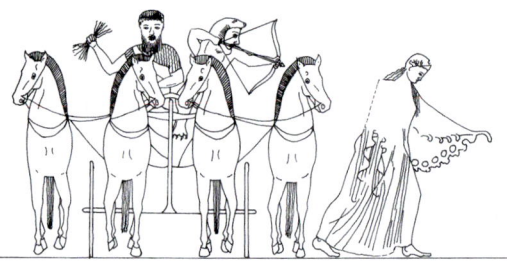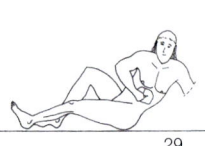

29-30. Teilrekonstruktion der Gigantomachie im Ostgiebel des alten Athenatempels und die daraus erhaltene Statue der Athena. Dies war die erste ganz aus Marmor bestehende und ein einheitliches Thema umfassende Giebelkomposition auf der Akropolis und die erste großformatige Darstellung der Athena (Rekonstruktion der Mittelgruppe M. B. Moore)

Mitte fielen zwei gegenständige Löwen über einen zusammengebrochenen Stier her; in der linken Ecke ringt Herakles mit Nereus, einem Meeresdämon, und rechts ging eine heute verlorene Gestalt, wahrscheinlich Zeus, gegen Typhon bzw. den dreileibigen, geflügelten Dämon mit Schlangenschwanz vor.

Die archaischen Giebelkompositionen zu deuten, ist nicht leicht. Im Allgemeinen wird angenommen, dass sie das Ringen von Göttern, Heroen und Menschen um die Beherrschung der Elemente verbildlichen. Zugleich damit aber sollte vielleicht den Gläubigen die Kraft und die Herrlichkeit der Götter vor Augen geführt und an das Schicksal derer gemahnt werden, die ihnen die Macht und Herrschaft streitig zu machen wagten. Man braucht ja nur daran zu denken, dass ein solches Bild das Erste war, was die Besucher der Akropolis erblickten, wenn sie das Heiligtum durch das archaische Propylon betraten.

An der Nordwand des archaischen Saals ist eine der bedeutendsten Giebelkompositionen der damaligen Zeit ausgestellt. Sie gehörte zur Ostseite, der Hauptseite des in der Überlieferung als »alter Tempel« bezeichneten Baus, eines dorischen Ringhallentempels von 6×12 oder 13 Säulen, der entweder um 520 v. Chr. von den Söhnen des Tyrannen Peisistratos oder aber Ende des 6. Jhs. v. Chr. von der jungen Demokratie des Kleisthenes errichtet wurde (Abb. 26). Dargestellt waren Szenen aus der **Gigantomachie**, dem Kampf der Götter des Olymp mit den Giganten, die ihnen die Herrschaft streitig machen wollten. Eine wichtige Rolle für den siegreichen Ausgang dieses Kampfes, der von der Gewalt der Götter und der Bestrafung derer kündete, die ihre Macht in Zweifel zogen, spielte Athena. Sie ist nach rechts kämpfend dargestellt, ihr Gegner war der Gigant Enkelados, von dem kaum mehr als der linke Fuß erhalten ist (Abb. 29-30).

Einer schon älteren Annahme zufolge nahm die hohe Gestalt der kriegerischen Göttin nicht die Mitte des Giebels ein. Dort wird vielmehr ihr Vater Zeus anzusetzen sein, der mit seinem Sohn Herakles auf einem Viergespann erschien; Reste zweier Halbfiguren von Pferden sind erhalten. Zu Seiten der Mittelgruppe waren außer Athena noch andere Götter im Kampf mit Giganten dargestellt, von denen jedoch nichts erhalten ist.

Die Weihgeschenke

Im 6. Jh. v. Chr. war das Gelände der Akropolis voll von Weihgeschenken der aristokratischen Familien der Stadt, ein Zeichen ihres Glaubens an die Göttin ebenso wie ihrer heftigen gesellschaftlichen Rivalität. Als Zentralheiligtum ganz Attikas bot das Heiligtum der Athena eine ideale Kulisse für die Zurschaustellung der eigenen Würde vermittels der Stiftung kostspieliger Weihgaben. In geringerer Anzahl sind auch Weihgeschenke von Kaufleuten und Gewerbetreibenden vertreten, da Athena in ihrer Erscheinungsform als Ergane die Schutzgöttin der Handwerker war. Von Interesse sind ferner der **Kalbträger**, das Weihgeschenk eines reichen Viehzüchters (Abb. 31), die Sitzfiguren der **Schreiber**, vielleicht hohe städtische Beamte oder **Schatzmeister** der Heiligtümer auf der Akropolis, sowie der **Windhund** aus dem Heiligtum der Artemis Brauronia. Die übrigen Weihgeschenke sind vor allem Reiter, Kuroi und Koren, d.h. Statuen von jungen Männern und Mädchen.

Die Reiter

Der Besitz und Unterhalt von Pferden war im Altertum eine kostspielige Angelegenheit und vornehmlich ein Privileg der Aristokraten. So wurde das Pferd zu einem Symbol für Reichtum und hohen sozialen Rang (Abb. 33). Nicht zufällig hieß die zweite der vier von dem Gesetzgeber Solon eingeführten Vermögensklassen Hippeis, Ritter, und sehr wahrscheinlich stellten die prachtvollen marmornen Reiterstatuen des 6. Jhs. v. Chr. auf der Akropolis den Reichtum und die Geltung dieser Klasse zur Schau (Abb. 32). Anlässe für die Aufstellung dieser Weihgeschenke kann es viele gegeben haben, von einem einfachen gesellschaftlichen Ereignis bis zu einem Sieg bei Reitwettkämpfen. So erklärt sich wohl, warum manche dieser Reiter einen Kranz im Haar tragen.

31. Marmorstatue des Kalbträgers, Weihgeschenk eines reichen Viehzüchters aus der attischen Provinz, in dem der Wohlstand der attischen Bauern zum Ausdruck kommt

32. Der Reiter Rampin, so genannt nach dem ersten Besitzer des Kopfes, der sich heute im Louvre befindet. Im fein ausgearbeiteten Haar trägt er einen Kranz

33. Halbfigur eines Pferdes (um 490 v. Chr.). Als Kennzeichen hoher sozialer Stellung seines Besitzers war das Pferd ein zu allen Zeiten übliches Weihgeschenk

34-35. Farbrekonstruktion des Abgusses und Vorderansicht der sogenannten Peploskore Inv. 679, die sich von den übrigen Koren durch das Gewand unterscheidet

36. Der archaische Saal des Museums bietet eine umfassende Übersicht über die Plastik der archaischen Zeit, die in Attika und vor allem auf der Akropolis ihre edelste Ausprägung fand

37-38. Die Kore Inv. 680, die in der rechten Hand eine Frucht als Gabe für die Göttin hält, und die der Bildhauerschule von Chios zugeschriebene 'Chiotin' Inv. 675

Die Koren

Wesentlich größer — den erhaltenen Stücken nach zu urteilen um 200 — war die Anzahl der Koren, Statuen von Mädchen, die eine Gabe für die Göttin halten und die in der Zeit von 580/70 - 490 v. Chr. auf die Akropolis geweiht wurden. Für die Deutung der Koren sind viele Vorschläge gemacht worden. Am meisten für sich hat die Erklärung aus dem Brauch, dass Mädchen aus gutem Haus in jungen Jahren eine gewisse Zeit im Dienst des Athena-Kults verbrachten. Nach Beendigung ihres Dienstes pflegten offenbar die Väter eine Statue ihrer Tochter ins Heiligtum zu weihen, um die Göttin an die Frömmigkeit der Familie und ihre Mitbürger an ihre soziale Potenz zu erinnern, denn in den Weihinschriften werden, soweit erhalten, meistens Männer als Stifter der Koren genannt.

Am bekanntesten ist die sogenannte **Peploskore**, weil sie sich von den übrigen, mit Chiton und Schrägmantel bekleideten Koren durch das Gewand unterscheidet, das bis vor kurzem als dorischer Peplos angesehen wurde (Abb. 35). Neuere Untersuchungen der an der Statue erhaltenen Farbspuren haben nun aber deutlich gemacht, dass sie keinen Peplos trägt, sondern einen Umhang, der im unteren Teil an der Front geöffnet ist, so dass der verzierte Rock eines darunter getragenen Gewandes sichtbar wird (Abb. 34). Die Verzierung des Rockes war in horizontale Zonen gegliedert, die mit Tieren und Fabelwesen gefüllt waren. Da ein solches Gewand mit derartigen Verzierungen in der archaischen Kunst nur bei Götterbildern auftritt, muss es sich auch hier um eine Göttin handeln, vielleicht um Artemis, wie kürzlich vorgeschlagen wurde.

Besonders stattlich ist die nach ihrem Bildhauer benannte Kore des Antenor, die mit ihrer originalen Inschrift-Basis erhalten ist (Abb. 39). Sie war ein Weihgeschenk des Nearchos (des Töpfers oder eines Mannes aus dem Demos Kerameis), das er der Göttin aus dem Erstgewinn seiner Arbeit dargebracht hatte.

Die Koren waren im Freien auf hohen Sockeln oder Säulen aufgestellt, ungefähr so, wie sie heute im Museum stehen (Abb. 36). Ihre **Basen** waren **mit Inschriften** versehen, in denen die Stifter genannt waren und oft auch die Bildhauer, die voller Stolz auf ihr Werk ihre Künstlerpersönlichkeit herauszustellen suchten.

Die Zierlichkeit der archaischen Kunst findet ihren stärksten Ausdruck im sogenannten **archaischen Lächeln** (Abb. 37-38). Das ist nicht konkret als Lächeln zu verstehen (übrigens tritt es auch bei Grabstatuen auf), sondern gilt als ein formales Mittel, das dem Gesicht im Verein mit der hohen Stirn, den großen mandelförmigen Augen und den betonten Jochbeinen einen lebensvollen Ausdruck verleihen sollte.

39. Die nach ihrem Bildhauer benannte Kore des Antenor. In der Inschrift auf der Basis wird außer den Namen des Bildhauers und des Stifters auch der Anlass für die Weihung genannt

37 38 39

40. Rekonstruktion des Säulendenkmals mit der Nike (oder Iris) des Kallimachos (M. Korres)

41. Blick auf die Nordmauer der Akropolis mit den darin verbauten unfertigen Säulentrommeln des von den Persern zerstörten Vorparthenon

42. Das Relief der 'sinnenden' Athena

43. Der 'blonde Ephebe'

44. Der Kritiosknabe

DIE AKROPOLIS ZUR ZEIT DER PERSERKRIEGE

Über den Exponaten aus dieser dramatischen Periode der altgriechischen Geschichte liegt der Abglanz großer historischer Ereignisse. Die Nike auf hoher ionischer Säule (Abb. 40) ist mit der **Schlacht von Marathon** (490 v. Chr.) verknüpft. Wie Herodot berichtet (VI 109-111), hatte vor der Schlacht zwischen den zehn Strategen Athens Uneinigkeit darüber bestanden, ob man sofort zum Angriff auf die Perser vorgehen solle oder nicht. Da rief Miltiades, der für den sofortigen Angriff war, den Heerführer Kallimachos zu sich und bewog ihn mit einer flammenden Rede dazu, für seinen Vorschlag zu stimmen. In der darauf folgenden Schlacht fiel Kallimachos als Anführer des rechten Flügels der Athener im Kampf.

Ihm zu Ehren wurde dieses von einer Siegesgöttin bekrönte Säulendenkmal auf die Akropolis geweiht. Das der Länge nach auf der Säule angebrachte Epigramm gedenkt seiner Tapferkeit. Das ursprünglich 5 m hohe Denkmal war nordöstlich vom Parthenon aufgestellt und wurde — Ironie der Geschichte — von den Persern 480 v. Chr., kurz vor der Seeschlacht von Salamis, bei der Brandschatzung der Akropolis zerstört.

In der Vitrine neben dem Säulendenkmal sind Bildwerke ausgestellt, an denen die **Zeichen der persischen Zerstörung** erkennbar sind, sowie ein Hort von 62 zeitgenössischen Tetradrachmen, geprägt aus dem Silber der Minen von Laurion, deren Ausbeutung Themistokles den Bau der Flotte ermöglicht hatte, die den Persern vor Salamis eine vernichtende Niederlage bereitete.

Der **Vorparthenon**, dessen Bau nach der Schlacht von Marathon begonnen hatte, wäre der erste ganz aus Marmor bestehende Tempel des griechischen Kernlandes gewesen, nachdem einige Jahre zuvor die Marmorbrüche auf dem Pentelikon erschlossen worden waren. Er wurde in unfertigem Zustand (Abb. 26) von den Persern zerstört. Die unfertigen Säulentrommeln dieses Tempels und andere, von zerstörten archaischen Bauten stammende Architekturteile ließ Themistokles in der Nordmauer der Akropolis verbauen, so dass sie von der Agora aus als Ruinen, die an den Kampf gegen die Barbaren erinnern sollten, sichtbar waren (Abb. 41).

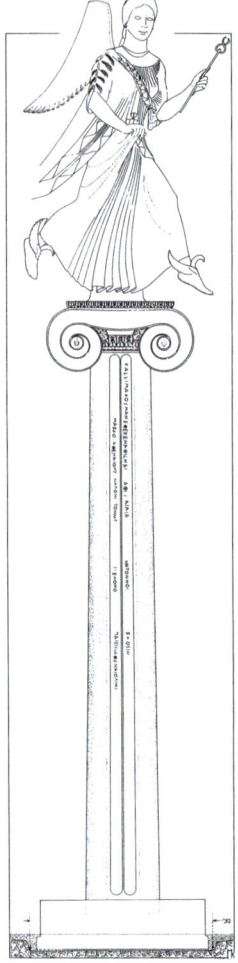

Werke des strengen Stils

Im hinteren Teil des archaischen Saals sind Werke aus der Zeit von 480 - 450 v. Chr. ausgestellt, der Periode zwischen der archaischen und der klassischen Epoche, die wegen des Ausdrucks der Statuen, aus dem das archaische Lächeln gewichen ist, als Epoche des strengen Stils bezeichnet wird. Zu den bekanntesten Werken gehören der **Kritiosknabe** (Abb. 44), der **'blonde Ephebe'** (Abb. 43), die Kore des Euthydikos, die von Angelitos geweihte Athena, ein Werk des Euenor, und — weiter hinten — das Relief der **'sinnenden' Athena** (Abb. 42). Diese Werke sind in zweifacher Hinsicht von Bedeutung: einmal historisch, weil sie zeigen, dass die Aufstellung von Weihgeschenken auf der Akropolis nach der persischen Zerstörung ungebrochen anhielt, und zum anderen kunsthistorisch, weil an ihnen die großen Errungenschaften der Kunst dieser Zeit ablesbar sind, das Aufbrechen archaisch gebundener Formen, die Gewinnung einer neuen, natürlicheren Auffassung und Wiedergabe der Gestalten — Errungenschaften, die in kurzer Zeit zur Entfaltung der klassischen Kunst führten.

An dieser Stelle ist noch eine andere berühmte Statue der Zeit zu erwähnen, von der außer einem Fragment der in römischer Zeit reparierten Bekrönung der Basis nichts erhalten ist, nämlich die große, von Phidias geschaffene Bronzestatue der **Athena Promachos**, die um 460 v. Chr. zwischen den Propyläen und dem Erechtheion aufgestellt wurde (Abb. 68. 69). Sie war 7 - 9 m hoch, und der Überlieferung nach waren die Spitze der Lanze und der Helmbusch der Göttin vom Meer aus sichtbar. Die Statue wurde aus der Beute der Schlacht am Eurymedon (467 v. Chr.) errichtet, war aber ein Dank für den Sieg von Marathon und muss auf Veranlassung Kimons, Sohn des Miltiades, aufgestellt worden sein in dem Bemühen, das Ansehen seines im Gefängnis gestorbenen Vaters wiederherzustellen. Dies war das erste öffentliche Werk, das der athenische Staat an Phidias vergeben hatte.

42   43   44

45. Schaubild der Akropolis von NW (M. Korres). Die vom athenischen Staat in der zweiten Hälfte des 5. Jhs. v. Chr. errichteten Bauten sollten einerseits Athena, die Schutzherrin der Stadt, ehren und andererseits die heroische Vergangenheit der Athener und ihre Errungenschaften preisen in der Absicht, den Anspruch Athens auf Hegemonie zu begründen

DIE KLASSISCHE AKROPOLIS

Die Perserkriege bilden einen Markstein in der Geschichte der westlichen Kultur. Nach den großen Siegen über die Perser war Athen vollkommen zerstört, aber von einer unglaublichen Dynamik erfüllt, so dass es innerhalb weniger Jahre zur führenden Stadt und zum **geistigen und künstlerischen Zentrum der gesamten griechischen Welt** wurde. In einem in der Geschichte selten vorkommenden Zusammentreffen bedeutender Führer, eines durch die Entwicklung der Demokratie selbstbewusst gewordenen Volkes, reichlicher Geldmittel sowie großer Künstler erstanden im 5. Jh. v. Chr. große Bauten und glanzvolle kulturelle Leistungen. Die Bezeichnung dieser Periode als klassisch deutet an, dass die Stadt und ihre Schöpfungen zum Vorbild erhoben wurden, an dem alle vorhergehenden und nachfolgenden Kulturen gemessen werden sollten.

Ihren markantesten Ausdruck findet diese Periode in den Bauwerken. Die Voraussetzungen für die Ausführung eines großen Bauprogramms, das insgesamt **zwölf Tempel** und andere monumentale Bauten in ganz Attika umfasste, durch den athenischen Staat waren geschaffen. Kernpunkt dieser Bautätigkeit war, wie nicht anders zu erwarten, die seit dreißig Jahren verwüstet daliegende Akropolis.

Das Programm wurde von **Perikles** selbst und dem Politiker- und Künstlerkreis, der ihn umgab, entworfen. Es sah den Bau dreier Tempel für die drei Erscheinungsformen der Athena als Polias (Schutzherrin der Stadt), Parthenos (Jungfrau) und Nike (Siegesgöttin) sowie eines monumentalen Propylon vor. Die

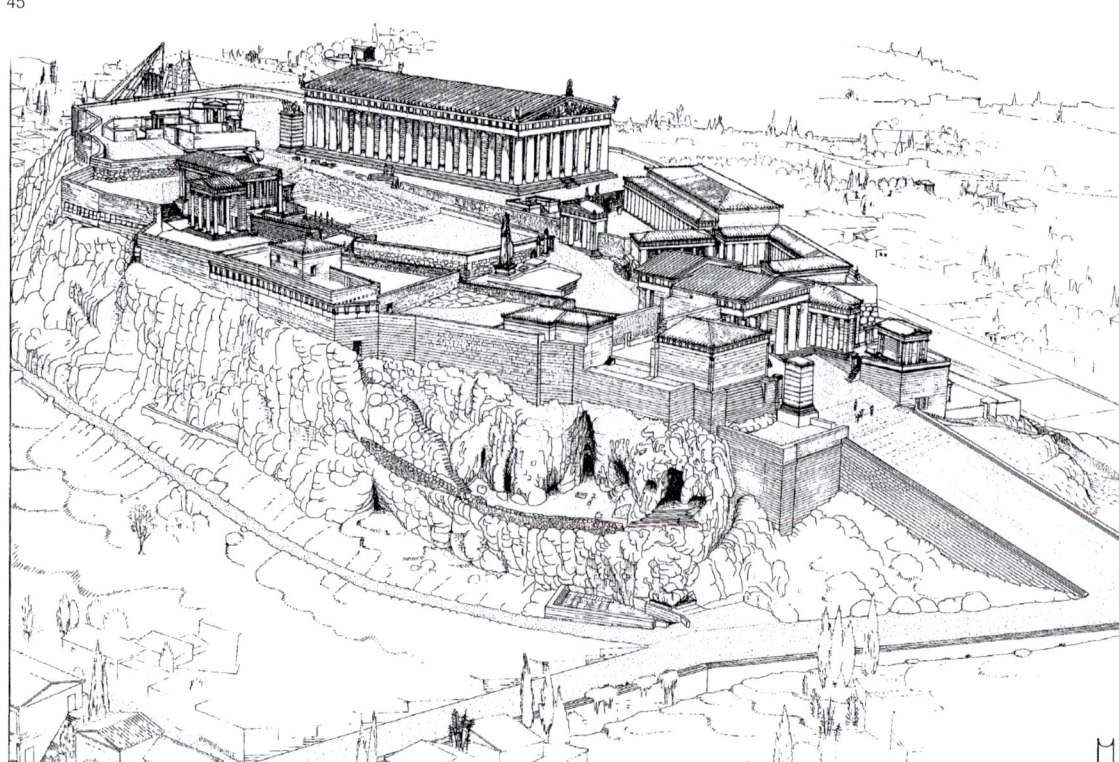

Arbeiten daran dauerten, mit Unterbrechungen, die ganze zweite Hälfte des 5. Jahrhunderts an. Das Bauprogramm hatte **mehrere Ziele**. In erster Linie war es eine Bekundung der Frömmigkeit der Athener und ein Dank an Athena und die anderen Götter für ihren Beistand bei den zu Lande und zu Wasser errungenen Siegen, mit denen die persische Gefahr abgewehrt wurde. Zweitens war damit die Wiederherstellung des Erscheinungsbildes des religiösen Zentrums der Stadt beabsichtigt, das unmöglich in dem von den Persern hinterlassenen Zustand bleiben konnte. Drittens zielte es darauf ab, die Kunst – die große Architektur und die Plastik — in den Dienst der politischen Propaganda zu stellen. Vermittels also der Großartigkeit der neuen Bauten und vermittels der vom Skulpturenschmuck ausgehenden Botschaften sollte es der ganzen antiken Welt den Anspruch Athens auf Hegemonie kundtun und es zur führenden Stadt erklären (Abb. 45).

Für die Durchführung der Arbeiten wurde die sofortige Bereitstellung von 5000 Talenten aus dem Staatsschatz beschlossen sowie die Ausgabe von zusätzlich 200 Talenten jährlich für die folgenden 15 Jahre. Diese **Gelder** kamen aus Perserbeute, vor allem der Schlacht am Eurymedon (467 v. Chr.), aus den Erträgen der Bergwerke von Laurion und nur zu einem kleinen Teil aus den Beiträgen verbündeter Städte. Die ersten Bauten, der Parthenon (447-432 v. Chr.) und die Propyläen (437-432 v. Chr.) wurden in verhältnismäßig kurzer Zeit errichtet und noch von Perikles selbst eingeweiht. Das Erechtheion (421-415 und 410 - 406 v. Chr.) und der Tempel der Athena Nike (432 oder 426-424 oder 421 v. Chr.) entstanden mit Unterbrechungen in den Pausen des peloponnesischen Krieges.

46. Ostrakon (Gefäßscherbe) mit dem Namen und Vatersnamen des Perikles, 'Stimmzettel' von einem Ostrakismos (Scherbengericht). Athen, Agora-Museum

47. Porträt des Perikles. Er ist mit Helm als Stratege dargestellt, das Gesicht ist idealisiert zur Andeutung politischer und moralischer Mannestugend. London, British Museum

Perikles, Sohn des Xanthippos, aus Cholargos

Der Führer der athenischen Demokratie und Bringer des 'goldenen Zeitalters', wie er von dem zeitgenössischen Bildhauer Kresilas posthum dargestellt wurde (Abb. 47). Er war 32 Jahre lang (461-429 v. Chr.) Stratege und trug in hohem Maße zur führenden Rolle Athens auf militärischer, politischer und künstlerischer Ebene bei. 495 v. Chr. als Spross einer aristokratischen Familie geboren, beschäftigte er sich seit jungen Jahren mit öffentlichen Angelegenheiten und übernahm 461 v. Chr. die Führung der demokratischen Partei. Vornehmlich seinem Wirken ist die Festigung der jungen athenischen Demokratie, der Aufstieg Athens zur Seeherrschaft und zur bedeutendsten Macht der Epoche zu verdanken. Zu dem von ihm Erreichten gehören auch die großen Bauwerke auf der Akropolis, die Athen zum künstlerischen und geistigen Zentrum der Antike und zum Symbol der klassischen Kunst schlechthin machten.

DIE PROPYLÄEN

Die Propyläen sind ein reines Architekturwerk, ein Bau ohne plastischen Schmuck. Sie wurden von Mnesikles entworfen und 437 v. Chr., nach dem Abschluss der Bauarbeiten am Parthenon, begonnen. Sie weisen so viele gemeinsame Merkmale mit dem großen Tempel auf, dass die Annahme erlaubt erscheint, Mnesikles sei ein Schüler des Iktinos gewesen und dass in beiden Fällen dieselbe Bauhütte tätig war. Die hohe Fähigkeit des Architekten ist daraus ersichtlich, dass er einem Torbau die Pracht eines Tempels zu geben vermochte. Die **Originalität des Entwurfs** liegt darin, dass hier zum ersten Mal in der Architekturgeschichte ein Π-förmiges Ensemble geschaffen wurde, eine den Gedanken des Empfangs ausdrückende Form, die sich wie mit offenen Armen zum Besucher hin öffnet (Abb. 48). Der Mittelteil besteht aus zwei Räumen, die wegen des ansteigenden Bodens auf ungleicher Höhe liegen und tempelförmige Fronten mit je sechs dorischen Säulen haben, die denen des Parthenon nachgebildet sind (Abb. 49). An der Verbindungsstelle dieser Räume öffnen sich fünf der Höhe nach abgestufte Tore, die dem Bau die Pluralform gaben (Propylaia). Im Westraum ist ein Durchgang mit beiderseits je drei ionischen Säulen geschaffen, die vielleicht den verlorenen ionischen Säulen im Westraum des Parthenon nachgebildet sind. Links vom Eintretenden schließt an den Mittelbau ein kleiner Saal mit dreisäuliger Front an, in dem Bilder angebracht waren (daher **Pinakothek** genannt) und 17 Ruhebetten. Er diente offenbar als Erholungs- oder Versammlungsraum für offizielle Besucher oder für die Veranstaltung von Symposien bei den Festen, die auf der Akropolis stattfanden.

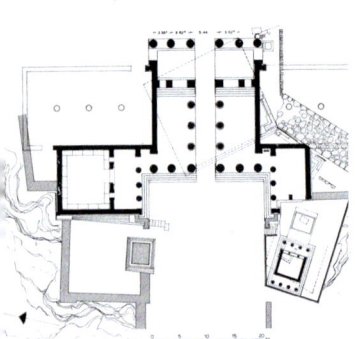

DER TEMPEL DER ATHENA oder UNGEFLÜGELTEN NIKE

Athena Nike war eine der Erscheinungsformen, in denen Athena auf der Akropolis verehrt wurde. Sie war die Göttin, die den Athenern im Krieg beistand, sie war die siegbringende Athena, die den Sieg im Kampf verlieh. Die Bezeichnung als Tempel der ungeflügelten Nike ist antik, beruht aber auf einem Missverständnis des Kultbildes der Athena, das natürlich keine Flügel hatte. In römischer Zeit, als die Bezeichnung als Nike-Tempel vorherrschte, wurde das Fehlen von Flügeln an der Statue damit erklärt, dass die Athener sie ihr abgeschnitten hätten, damit sie nicht aus ihrer Stadt entfliege.

Der Auftrag zur Errichtung des Tempels wurde 450/49 v. Chr. auf Beschluss der athenischen Volksversammlung an Kallikrates vergeben; die Auftragsbedingungen sind in einer Inschrift erhalten, die im Museum ausgestellt ist. Der Baubeginn verzögerte sich am Ende um 20 - 25 Jahre, weil dem Parthenon und den Propyläen Vorrang gegeben wurde. In den Jahren des peloponnesischen Krieges hielt man den Bau jedoch aus Propagandagründen für notwendig. Die hier aus einem Stück gearbeiteten ionischen Säulen ähneln denen der Propyläen, wenngleich sie mit 4 m Höhe kaum halb so hoch sind (Abb. 50). Bemerkenswert ist, dass der Tempel der Athena Nike der erste Tempel ionischen Stils im ionischen Athen war. Die Baustile entsprachen nicht unbedingt der antiken Stammesaufteilung, und die Monumentalität der athenischen Architektur konnte ihren Ausdruck ohne weiteres im dorischen Stil finden. In einem so kleinen Format aber ließ sich diese Monumentalität unmöglich herstellen. So beschloss man, den Tempel mit anderen Mitteln hervorzuheben, mit der Anmut und Zierlichkeit, über die der ionische Stil verfügte.

50

48. Grundriss der Propyläen und des Tempels der Athena Nike. Die vorklassischen Bauten sind gestrichelt (I. Travlos)

49. Die Propyläen und der Tempel der Athena Nike von SW während der jüngsten Restaurierungen, die das Erscheinungsbild der Denkmäler wesentlich verbessert haben

50. Der Tempel der Athena Nike von NO nach Abschluss der jüngsten Wiederherstellung. Der Fries wurde ins Museum verbracht und am Bau durch Abgüsse ersetzt

Der **plastische Schmuck** diente den ideologischen Zielsetzungen der athenischen Politik, nämlich a) der Ehrung der Athena Nike und der Unterstreichung ihrer Anwesenheit in der Stadt, sowie b) der Hervorhebung der von den Athenern erfochtenen Siege, womit der Beitrag Athens zum glücklichen Ausgang der Perserkriege und der daraus abgeleitete Anspruch der Stadt auf Vormachtstellung propagiert werden sollte. Und zwar wurde dies hier nicht nur durch mythologische Anspielungen zum Ausdruck gebracht, wie bei anderen Bauten, sondern erstmals auch durch historische. Mythologisch wurde die Stadt in den beiden Giebeln herausgestrichen, in denen im Osten wohl eine Gigantomachie und im Westen eine Amazonomachie dargestellt war. Unmittelbare historische Bezüge enthält der **Fries**. Um 420 v. Chr., also in der Zeit des peloponnesischen Krieges entstanden, wurde er begreiflicherweise vermittels der Darstellung von Schlachten auch für antispartanische Propaganda genutzt.

Zum plastischen Schmuck gehört ferner die **Nike-Balustrade**, die um 410 v. Chr. am Außenrand des Nike-Pyrgos (Turm) angebracht wurde. Die Reliefs waren nach außen gewandt, wurden also von dem zur Akropolis emporsteigenden Besucher als Ergänzung zum Skulpturenschmuck des Tempels wahrgenommen. Sie zeigen eine Reihe von etwa 50 geflügelten Siegespersonifikationen, die Trophäen mit griechischen oder persischen Waffen aufstellen und ein Opfer für Athena vorbereiten (Abb. 52).

Die lebhaft bewegten jugendlichen Gestalten in ihren teils durchsichtigen, teils in rauschende Falten gelegten Gewändern können den Betrachter auch heute noch begeistern. Am bekanntesten ist die sandalenlösende Nike (Abb. 51), die den Fuß hebt und die Riemen ihrer Sandale öffnet, um barfuß vor den Altar zu treten. Diese menschlich-alltägliche Bewegung der Figur bot dem Bildhauer Gelegenheit, sein ganzes Können in der Körper- und Gewandbehandlung zu demonstrieren.

51. Reliefplatte mit sandalenlösender Nike von der Nike-Balustrade

52. Reliefplatte mit zwei Niken, die einen Stier zum Opfer führen, von der Nike-Balustrade

DAS ERECHTHEION

Das Erechtheion mag zwar an Strahlkraft hinter dem Parthenon zurückstehen, war aber der wichtigste Tempel auf der Akropolis, weil dort das uralte hölzerne Bild der Athena bewahrt wurde, dem alle vier Jahre beim Fest der Panathenäen ein neuer Peplos dargebracht wurde. Es wurde infolge der schwierigen historischen Konstellation mit Unterbrechungen erbaut, und zwar von 421-415 und von 410 - 406 v. Chr., in den Friedensphasen des peloponnesischen Krieges. Es handelt sich um einen eigentümlichen und komplizierten Bau, der als Tempel gleichwohl keine Symmetrie und Regelmäßigkeit aufweist. Er besteht aus drei verschiedenen Baukörpern mit verschiedenen Dächern, die auf vier verschiedenen Ebenen fußen, und hat vier Fronten mit verschiedenen Säulenstellungen. Trotz der vom Gelände und architektonisch gegebenen Schwierigkeiten ist es dem Architekten (Mnesikles?) gelungen, dem Bau nicht nur Zusammenhalt zu geben, sondern ihn auch zu einem der kostbarsten Werke der antiken griechischen Architektur zu machen.

Die Besonderheit des Erechtheion ist auf viele Faktoren zurückzuführen, die erschwerte Bedingungen für den Baumeister darstellten: a) Es wurde am Nordrand des Felsens, neben der Burgmauer erbaut, offenbar um den zentralen Raum der Akropolis frei zu lassen, wo die Gläubigen sich zu Tausenden beim Panathenäen-Opfer versammelten. b) Der Baugrund wies einen Höhenunterschied von mehr als 3 m auf. c) Der Tempel musste mehrere Kulte olympischer Götter aufnehmen, die an die Kultmale, d.h. an die Zeichen göttlicher Präsenz auf dem Felsen geknüpft waren und zu denen u.a. der Ölbaum der Athena sowie das Dreizackmal und die Quelle des Poseidon gehörten. d) In den Bau mussten auch die Gräber von Urkönigen und Heroen aus der mythischen Vorzeit der Stadt einbezogen werden, so u.a. die des

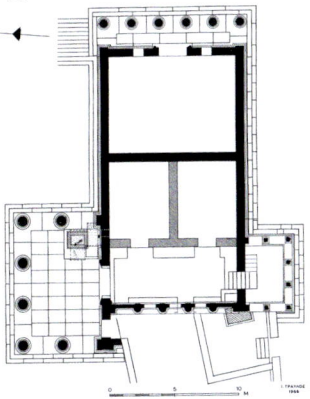

53. Grundriss des Erechtheion mit ergänzter Raumaufteilung (I. Travlos)

54. Das Erechtheion von SW. Im Vordergrund die Fundamente des alten Athenatempels, dessen Nachfolger kultisch und symbolisch das Erechtheion war

53

54

55. Schaubild des Erechtheion mit Opferprozession von NW (P. Connolly). Die Farben heben die architektonischen Formen, besonders den Fries, eindrucksvoll hervor

56-57. Die Karyatiden der Südhalle des Erechtheion. Die weiblichen Statuen anstelle von Säulen wurden in der Architekturgeschichte zum Vorbild für Stützfiguren

Kekrops, des Erechtheus und des Butes, denn sie waren ein Beleg dafür, dass die Athener seit urdenklichen Zeiten an ihrem Ort ansässig waren.

Alle diese Relikte mussten in einen einheitlichen, repräsentativen Bau eingefügt werden, um ihnen den Rang eines Emblems zu verleihen, wie es die ideologischen und künstlerischen Tendenzen der Epoche verlangten. Zugleich musste der neue Tempel in der Raumaufteilung seinem Vorgänger ähnlich sein, dem von den Persern demolierten alten Athenatempel, der gleichen Zwecken gedient hatte. So wurde die Cella quer unterteilt (Abb. 53). Der östliche Teil, der sechs ionische Säulen an der Front und je ein Fenster zu Seiten des Eingangs hat, war der Tempel der Athena Polias, in dem das alte Holzbild der Göttin stand (Abb. 58). Im westlichen Teil, der sich wegen des Niveau-Unterschieds wohl auf verschiedenen Ebenen entwickelte, waren mehrere von den übrigen Kulten untergebracht. Mit den beiden Vorhallen an der Nord- und Südseite des Baus wurden heilige Male überdacht und zugleich hervorgehoben, und in einem westlich anschließenden offenen Heiligtum, dem Pandroseion, wurden andere ehrwürdige Relikte der athenischen Vergangenheit bewahrt, darunter der Ölbaum der Athena (Abb. 55).

Das Erechtheion wurde also erbaut, um in großer Form alle die Elemente hervorzuheben, die bewiesen, dass die Götter in der Stadt gegenwärtig waren und dass die Athener bodenständig waren. Dieses Faktum, nämlich dass sie autochthon waren, stellte eine ihrer stärksten ideologischen Waffen gegenüber den Spartanern dar. Sie waren stolz darauf, dass sie Ionier und schon immer an ihrem Ort ansässig waren, indes sie ihren dorischen Gegnern vorwarfen, Neuankömmlinge zu sein. Mit dem Nachweis ihrer jahrhundertealten Geschichte, verbunden mit den Beweisen für die Liebe und das Interesse der Götter, stärkten die Athener ihr Ansehen bei Freund und Feind und setzten damit ein weiteres Mittel zur ideologischen Untermauerung ihrer hegemonialen Ansprüche in Griechenland ein.

55

Die Karyatiden und der Fries

Ähnlich eigenwillig wie die Architektur ist der plastische Schmuck des Erechtheion, dessen berühmtester Teil die Karyatiden sind, die sechs 2,20 m großen Koren, die anstelle von Säulen das flache Dach der südlichen Vorhalle des Baus stützen (Abb. 54. 56-57). Der architektonischen Funktion der Koren dienen das klare Achsengerüst ihres Standes, die schweren Gewänder, deren Senkrechtfalten an die Kanneluren von Säulen erinnern, das reiche Haar, das den zum Tragen zu schwachen Nacken verstärkt, und eine Art Korb auf dem Kopf, der als Kapitell fungiert. Wie aus der unterschiedlichen Art der Wiedergabe hervorgeht, die am besten auf der Rückseite erkennbar ist, sind die sechs Statuen (eine davon befindet sich im Britischen Museum) von verschiedenen Bildhauern gearbeitet, und zwar nach einem Vorbild, das von einem Schüler des Phidias, Agorakritos oder Alkamenes, geschaffen wurde oder aber

56

57

58. Die Ostfront des Erechtheion mit den sechs ionischen Säulen der Vorhalle vor dem Eingang zum Haupttempel der Athena Polias

59. Weihgeschenkbasis mit der Reliefdarstellung eines Apobaten, die ein Motiv des Parthenonfrieses reflektiert. Das Ab- und Aufspringen bei fahrendem Wagen war ein Wettkampf bei den Panathenäen

60. Statue der Prokne mit ihrem Sohn Itys, ein Werk und vielleicht auch persönliches Weihgeschenk des Phidias-Schülers Alkamenes (um 430 v. Chr.)

von Kallimachos. Nicht auszuschließen ist, dass die Gewänder der Koren sich farblich unterschieden, was die Polychromie des Baus erheblich verstärkt haben dürfte.

Außer als Kunstwerke haben die Statuen auch symbolische Bedeutung, da die Südhalle über dem Grab des Kekrops, eines Urkönigs der Stadt liegt, so dass die Koren eine künstlerisch belebte Form des Grabmals darstellen. Das eine Bein leicht vorgestellt, scheinen sie feierlich wie in einer Prozession zu schreiten, und ihre Darstellung an dem ehrwürdigen Bau gibt der Ehrfurcht der Athener gegenüber ihren Vorfahren Ausdruck.

Der zweite plastische Komplex des Erechtheion ist der 60 m lange **Fries**, der an drei Seiten des Tempels — mit Ausnahme vielleicht der westlichen — umlief und ihm eine gewisse Einheitlichkeit verlieh. Die Besonderheit des Frieses liegt darin, dass er — aus künstlerischen oder finanziellen Gründen — aus gesondert gearbeiteten Figuren aus weißem Marmor besteht, die auf Platten aus dunklem eleusinischem Stein aufgesetzt waren. Obwohl Fragmente von über hundert Figuren (hauptsächlich weiblichen) erhalten sind, ließ sich das Thema des Frieses nicht sicher bestimmen; wahrscheinlich war es nicht nur ein Thema. Man nimmt an, dass Szenen aus dem Mythos des Erechtheus, des für den Tempel namengebenden Heros, dargestellt waren oder solche, die sich auf den Ursprung der vielen im Tempel beherbergten Kulte bezogen.

58

WEIHGESCHENKE AUF DER AKROPOLIS

Bevor man in das dritte Obergeschoss mit den Skulpturen des Parthenon hinaufgeht, lohnt sich ein Gang durch den Nordflügel des ersten Obergeschosses, wo Statuen, Reliefs, Marmorbasen, Inschriften und andere antike Werke ausgestellt sind, die auf der Akropolis gefunden wurden. Als zentrales Heiligtum der Stadt, doch auch wegen seiner Größe und Prominenz, erhielt das Heiligtum der Athena zahlreiche Weihgaben, seien es öffentliche Stiftungen seitens des athenischen Staates selbst oder private von angesehenen Athenern oder auch Fremden (Abb. 70).

Das wichtigste Werk aus dem 5. Jh. v. Chr. ist die Statue der Prokne mit ihrem Sohn Itys, die von dem Phidias-Schüler Alkamenes geschaffen wurde (Abb. 60). Aus dem 4. Jh. v. Chr. ist der Kopf des Kultbildes der Artemis Brauronia aus ihrem Heiligtum auf der Akropolis (Abb. 68) hervorzuheben, ein Werk des Praxiteles, sowie Statuen der Athena, hauptsächlich aus römischer Zeit. Sehenswert unter den Bildnissen bedeutender Männer sind die römische Kopie des Miltiades aus einem mehrfigurigen phidiasischen Weihgeschenk in Delphi, das Jugendporträt Alexanders des Großen sowie die Porträts römischer Kaiser.

59

60

Von den Reliefs ist das mit der Darstellung des heiligen Schiffes der Athener, der Paralos, eindrucksvoll, ebenso die Weihgeschenk-Basen mit Wettkämpfen der Panathenäen (Abb. 59). Die Inschriften enthalten zumeist Beschlüsse Athens über Bundesgenossenschaften und Verträge mit anderen Städten sowie Ehrendekrete für Wohltäter der Stadt.

Singulär und schwer zu deuten ist eine in das 2.-3. Jh. n. Chr. datierte Marmorkugel aus dem Dionysos-Theater, auf der verschiedene magische Symbole angebracht sind. Sie ist vielleicht auf magische Praktiken im Zusammenhang mit den Kampfspielen, Gladiatorenkämpfen und ähnlichen Veranstaltungen zu beziehen, die zur römischen Kaiserzeit im Dionysos-Theater stattfanden.

Mit der Geschichte der Stadt in der Spätantike verbunden sind das Porträt eines neuplatonischen Philosophen aus dem 5. Jh. n. Chr. und ein aus dem 2. Jh. n. Chr. datierender Marmorthron, der in zweiter Verwendung als Bischofsthron diente, als der Parthenon Kirche wurde.

PARTHENON

Historisches und politisches Umfeld

Der Parthenon ist das repräsentativste Denkmal der Klassik, insofern er aufs engste an die Zeit und die Umstände gebunden ist, die sie heraufführten. Es war eine Zeit, in der vieles zusammentraf: eine demokratische Staatsverfassung, die visionäre Begeisterung eines ganzen Volkes für Neuschöpfung nach siegreichen Kriegen, bedeutende Führer, reichliche finanzielle Mittel und die gleichzeitige Verfügbarkeit von inspirierten Künstlern und vorzüglichen Handwerkern.

Wie alle großen Errungenschaften jener 50 Jahre wird der Bau des Parthenon für gewöhnlich Perikles zugeschrieben, dem großen Führer der Stadt. Doch war er nur das letzte Glied in einer ganzen **Reihe von großen Führern**, die Solon, Peisistratos, Kleisthenes, Themistokles, Aristeides und Kimon umfasst. Ohne diese und ihren Beitrag zur Festigung der Macht Athens, zur Erringung der Demokratie, zu den großen Siegen über die Perser und zur Gründung des ersten attischen Seebundes wären die großen Unternehmungen nicht gelungen oder hätten sich nicht in gleicher Weise verwirklichen lassen.

61. Der Parthenon von NW. Die Ausgewogenheit seiner Proportionen gehört zu den besonderen Merkmalen des Tempels

Ungeachtet des Urteils des Thukydides, der von »eines Mannes Herrschaft« spricht, musste zur Zeit der damaligen athenischen Demokratie alles, was mit der Umsetzung des perikleischen Bauprogramms zusammenhing, nach den Gesetzen und Regeln des Staates vor sich gehen. Nachdem also der Antrag des Perikles, nicht ohne Schwierigkeiten, von der Volksversammlung gebilligt worden war, wurden **Iktinos** und **Kallikrates** zu Architekten des Tempels bestimmt, während die Oberaufsicht über den Bau bei dem mit Perikles befreundeten **Bildhauer Phidias** lag, der auch die Anfertigung des Goldelfenbeinbildes der Athena übernahm, das in dem neuen Tempel aufgestellt werden sollte.

Die Verwaltung der Finanzen wurde Kommissaren (Epistatai) übertragen, die jährlich wechselten und der Volksversammlung gegenüber rechenschaftspflichtig waren. Die Epistaten kümmerten sich vorschriftsgemäß um den Ankauf der Materialien, die Auszahlung der Tagelöhne und die Begleichung der Unkosten. Am Ende ihrer einjährigen Amtszeit übergaben sie die Kasse an ihre Nachfolger und verzeichneten auf Marmorstelen alle vorgenommenen Arbeiten nebst Ausgaben und

62. Die Ostfront des Parthenon mit rekonstruiertem plastischem Schmuck (A. Orlandos). Die Interkolumnien des Pronaos und des Opisthodom waren mit Gittern verschlossen, weil im Tempel, vor allem im Opisthodom, sich die Schatzkammer der Stadt befand

63. Grundriss des Parthenon (M. Korres). In der Mitte des nördlichen Umgangs sind die Reste eines älteren Schreins der Athena Ergane (?) angegeben, der in den neuen Bau einbezogen wurde

dem verbliebenen Restbetrag des Geldes. Diese Stelen wurden auf der Akropolis öffentlich ausgestellt, so dass jedermann die Verwaltung der staatlichen Gelder kontrollieren konnte. Aus diesen Bauabrechnungen, von denen eine im Vorraum des dritten Obergeschosses ausgestellt ist, wissen wir, dass die Arbeiten am Parthenon 447 v. Chr. mit der Zubereitung der ersten Blöcke in den Marmorbrüchen des Pentelikon begonnen wurden, dass der Bau nach zehn Jahren fertiggestellt war und dass bis 433/2 v. Chr. auch der gesamte plastische Schmuck angebracht war.

Beeindruckend, vom Ergebnis her zu urteilen, ist auch das hohe Niveau der technischen Durchführung eines solchen Programms. Die Vielzahl der einbezogenen Berufszweige, Werkstätten und Mitarbeiter, die Schnelligkeit der Aufführung des Baus und die erreichte Qualität setzen eine perfekte Organisation, tadellose Koordination und reibungslose Zusammenarbeit aller Beteiligten voraus, angefangen von den entwerfenden Meistern bis hinab zum letzten Sklaven, der z.B. die Seile für die Kräne anfertigte.

Wir haben also ein großes Bauwerk vor uns, das im Gegensatz zu den Großbauten anderer Kulturen des Altertums nicht dem Ruhm eines Herrschers diente und nicht von ihm allein beschlossen und den Untertanen zu sklavischer Ausführung befohlen wurde. Vielmehr ist dieser Bau aus dem gemeinsamen Wollen und der Entscheidung aller Bürger hervorgegangen, die an seiner Verwirklichung bewussten und tätigen Anteil nahmen, da er zum Preis der Errungenschaften des Gemeinwesens, also des ganzen athenischen Volkes bestimmt war.

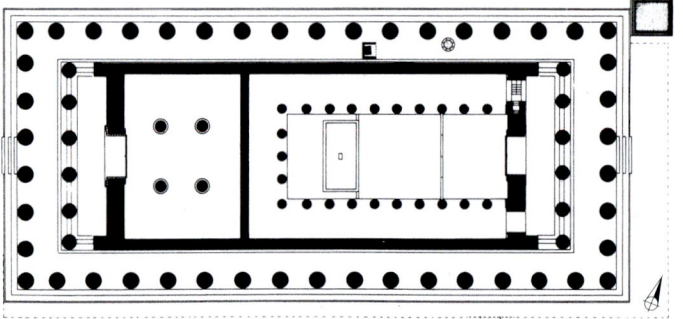

64. Blick in den Pronaos des Parthenon (M. Korres). Erkennbar sind die geöffnete Tür der Cella, eines der Fenster zur Beleuchtung des Innenraums und die Position des Frieses über dem Architrav des Pronaos

65. Der Westraum der Cella, der eigentliche Parthenon, dessen Decke von vier ionischen Säulen gestützt wurde. Der Raum diente zur Aufbewahrung kostbarer Weihgaben und war die Schatzkammer der Stadt (Zeichnung I. Gelbrich)

66. Schematische Darstellung der horizontalen Kurvaturen und der Neigung der vertikalen Bauglieder eines dorischen Tempels (J. J. Coulton). Manche architektonischen Feinheiten sind schon in älterer Zeit nachweisbar, haben aber am Parthenon ihre ideale Ausprägung gefunden

Architektonische Merkmale

Der Parthenon ist ein dorischer Ringhallentempel mit acht Säulen an den Fronten und 17 Säulen an den Langseiten. Die Cella, das ist der Kernbau des Tempels, hat an beiden Fronten eine vorgestellte Halle von sechs Säulen, Pronaos (Vorhalle) und Opisthodom (Rückhalle) genannt (Abb. 63).

Einer alten Tradition der Tempel auf der Akropolis folgend war die Cella in zwei ungleich große Räume geteilt (Abb. 63. 65). Der östliche, größere Raum hatte eine zweietagige dorische innere Säulenstellung, die Π-förmig um das Kultbild der Athena Parthenos herumgeführt war. Die für die damalige Zeit neuartige Breite der Cella von nicht ganz 20 m wird damit erklärt, dass Phidias sie verlangt habe, um seine große, aus Gold und Elfenbein gefertigte Statue der Athena in einem weiten Raum zur Wirkung kommen zu lassen. Der Beleuchtung der Statue dienten auch die beiden Fensteröffnungen zu Seiten der Tür, die hier zum ersten Mal bei einem Tempel auftreten (Abb. 64).

Mit 30,88 m Breite und 69,50 m Länge gehört der Parthenon zu den größten klassischen Tempeln. Er ist aus **16500 marmornen Werkstücken** verschiedener Größe erbaut, von 4,30 m langen und 5-10 Tonnen schweren Architravblöcken bis zu den Marmorziegeln des Daches, deren Anzahl an die 9000 betrug (Abb. 67).

Was aber den Parthenon unübertrefflich macht, sind zwei besondere Merkmale: Das ist zum einen seine Harmonie, das Bild, das der Besucher heute in sich aufnimmt, wenn er ihn nach dem Durchschreiten der Propyläen zum ersten Mal erblickt und die ausgewogenen Proportionen seiner Außenmaße wahrnimmt (Abb. 61). Auch tritt bei vielen Teilelementen eine Proportion von 9 : 4 auf, die als Ausdruck innerer Harmonie galt, so im Verhältnis von Länge zu Breite des Stylobats, auf dem die Säulen stehen, Breite zu Höhe der Fronten und im Verhältnis von Säulenabstand zu unterem Durchmesser der beiden Mittelsäulen.

Das andere besondere Merkmal, das den Parthenon auszeichnet, sind die **architektonischen Feinheiten**, die kaum merklichen Abweichungen von der Regelmäßigkeit, vor allem die Kurvatur der horizontalen Flächen und die Neigung der vertikalen Bauglieder. Faktisch ist keine gerade Linie des Baus eine wirkliche Gerade und keine Fläche wirklich eben (Abb. 66).

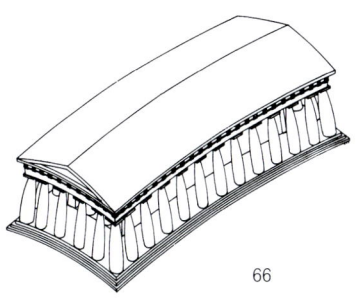

Die Kurvaturen beginnen schon im Stylobat des Tempels, welcher der Länge und Breite nach leicht gekrümmt ist. Dieser Krümmung folgen auf allen vier Seiten entsprechende Kurvaturen der horizontalen Glieder des Oberbaus (Architrav, Fries, Geison), und zwar nicht nur in der Ringhalle, sondern auch bei den Wänden der Cella.

Ähnliche Abweichungen sind an den Säulen zu beobachten, die nicht gleichmäßig rund sind, sondern sich nach oben verjüngen, und die nicht senkrecht auf dem Stylobat stehen, sondern leicht nach innen geneigt sind, wobei die Ecksäulen eine doppelte Neigung aufweisen und auch einen leicht größeren Durchmesser haben als die übrigen Säulen. Ferner sind die Abstände zwischen den Säulen nicht gleich, sondern werden zu den Ecken hin enger.

Dieses ganze Geflecht der auf den ersten Blick kaum wahrnehmbaren Besonderheiten kann nicht als optische Korrektur oder als Ausschaltung optischer Täuschungen verstanden werden, wie seit spätantiker Zeit angenommen wurde.

Es ist ein **verborgenes Gewebe**, das den gesamten Bau bis in den kleinsten Winkel durchzieht und zusammenhält und das in ganz bewusster Weise ästhetischen Zwecken dienen sollte. Es sollte dem Bau pulsierendes Leben und Bewegung geben, ihn aus der Starrheit lösen und ihm eine verborgene **innere Harmonie** verleihen, die nach Heraklit wichtiger war als die unverborgene. All dies führte dazu, dass kein Stein des Tempels dem anderen gleicht, nicht einmal dem unmittelbar seitlich oder oben und unten benachbarten, was eine außerordentliche Präzision des Entwurfs und der Ausführung erforderte. Zugleich verrät es ein hohes Maß an mathematischen

67. Schaubild des Parthenon von SO, aus dem die Einzelheiten der Architektur und des plastischen Bauschmucks ersichtlich sind (P. Connolly). Rechts der Altar der Athena und das Erechtheion

68. Das Gelände der Akropolis von den Propyläen aus gesehen (G. P. Stevens). Der freie Blick auf den Parthenon, der sich dem heutigen Besucher bietet, war dem antiken Betrachter nicht gegeben, weil sich die Umfassungsmauer und das Propylon des Heiligtums der Artemis Brauronia davorschob

69. Rekonstruktion der von Phidias geschaffenen Bronzestatue der Athena Promachos (G. P. Stevens). Sie war ein staatliches Weihgeschenk zum Dank für den Sieg von Marathon

Kenntnissen sowie die ästhetischen Ansprüche der damaligen Menschen. Denn dass dieser Aufwand nur die Ansprüche der entwerfenden Meister befriedigen sollte, ist kaum anzunehmen. Er muss vielmehr auch dem ästhetischen Bedürfnis einer ganzen Gesellschaft entsprochen haben, auf die das Bauwerk letztendlich bezogen war.

DER PLASTISCHE SCHMUCK

Der plastische Bauschmuck der griechischen Tempel erfüllte dreierlei Funktionen: a) eine religiös-kultische, indem darin gewöhnlich Begebenheiten aus dem Leben der verehrten Gottheit und ihre Großtaten geschildert wurden, um den Glauben zu stärken; b) eine dekorative, indem er Bauteile zierte, die sonst fast unscheinbar geblieben wären, womit der ästhetische Wert des Bauwerks gehoben wurde; c) eine politisch-ideologische, indem die mythologische Thematik des plastischen Bauschmucks gewöhnlich in symbolischer Form auf Ereignisse in der Geschichte einer Stadt anspielte und damit deren politische Ideologie propagierte.

Der plastische Bauschmuck des Parthenon ist quantitativ, qualitativ und inhaltlich der Architektur des Tempels ebenbürtig und vervollständigt das groß angelegte Programm des Perikles und seiner Mitarbeiter. Der Entwurf der Skulpturen wurde von **Phidias** angefertigt, der auch die Ausführung beaufsichtigte, an der viele Bildhauer beteiligt waren, darunter einige seiner besten Schüler. Phidias selbst hat möglicherweise nur bis 438 v. Chr. in Athen gearbeitet, da er hinterher nach Olympia ging, um das Goldelfenbeinbild des Zeus anzufertigen.

Der Meister nutzte alle baulich gegebenen Möglichkeiten für die Anbringung von Skulpturen, also die beiden Giebel, die 92 Metopen und den gesamten, 160 m langen Fries. Die zeitliche Abfolge, in der die Werke entstanden, lässt sich nicht nur aus dem Bauvorgang erschließen, sondern auch den auf Marmorstelen geschriebenen Bauabrechnungen entnehmen. Die Arbeit an den Säulen dauerte

70. Schaubild des Parthenon von NW (G. P. Stevens). Vor und auf den in den Fels gehauenen Stufen standen viele Statuen und andere Weihgaben

bis 442 v. Chr., folglich wurden die Metopen etwas später angebracht, doch hatte ihre Ausarbeitung schon früher in der Werkstatt begonnen. Der Fries muss vor 438 v. Chr., als der Tempel eingeweiht wurde, angebracht worden sein, da er Bestandteil der Architektur war. Die Arbeit an den Reliefs wurde aber allem Anschein nach am Bau fortgesetzt und zum Abschluss gebracht (Abb. 87). Schließlich wurden bis 433/2 v. Chr. die in der Werkstatt hergestellten Giebelfiguren und Akrotere am Tempel angebracht.

Die Originalität der Ausstellung der Skulpturen des Parthenon im Akropolis-Museum besteht darin, dass hier erstmals die originalen Marmorwerke oder deren Fragmente mit Gipsabgüssen derjenigen Teile verbunden sind, die sich in außergriechischen Museen und Sammlungen befinden, vor allem im Britischen Museum, in das die 1801-1803 von Lord Elgin geraubten Skulpturen gelangten. Damit bietet sich die Möglichkeit, den im Verlauf der wechselvollen nachantiken Geschichte des Tempels zerstückelten und verstreuten Skulpturenschmuck in — soweit möglich — vollständiger Form zu betrachten. Auch hat der Saal dieselben Grundmaße und dieselbe Ausrichtung wie der Parthenon, und der freie Blick auf die Akropolis und den Tempel macht den Besuch zu einem wahren Erlebnis.

Die Metopen

Ungewöhnlich für einen griechischen Tempel war bis dahin die am Parthenon eingeplante Ausstattung sämtlicher Metopen mit figürlichen Reliefs, 92 an der Zahl (je 14 an den Fronten und je 32 an den Langseiten). Auf allen vier Seiten ist ein mythischer Kampf das Thema, so dass die Metopen bei aller Unterschiedlichkeit inhaltlich miteinander verbunden sind. Auf der Ostseite, der Hauptseite des Tempels, ist die **Gigantomachie** dargestellt, auf der Westseite die **Amazonomachie**, die Nordseite hatte Szenen aus dem **trojanischen Krieg** zum Thema, und auf der Südseite ist die **Kentauromachie** wiedergegeben (Abb. 71-74).

Alle Metopen der Ost- und Westseite sowie zwölf der 32 Metopen der Nordseite sind im Museum ausgestellt, befinden sich aber in weitgehend zerstörtem Zustand, weil die Figuren **vorsätzlich abgeschlagen** wurden. Dieses Zerstörungswerk wird gewöhnlich den Christen zugeschrieben, die bei der Umwandlung des Parthenon in eine Kirche die 'Götzenbilder' beseitigten. Ein neuerer Vorschlag schreibt die Tat den Westgoten unter Alarich zu, die 396 n. Chr. in Athen einfielen. Als fanatische neubekehrte Christen und Anhänger des Arius hätten sie die Metopen und die Mittelfiguren des Ostgiebels zerstört. Die Figuren der Südmetopen wurden aus unbekannten Gründen nicht abgeschlagen. Die Mittelmetopen der Südseite wurden 1687 bei der venezianischen Belagerung Athens unter Morosini durch eine Pulverexplosion zerstört, die übrigen 1801-1803 von Lord Elgin geraubt.

71. Die Ostfront des Parthenon war die Hauptseite des Tempels. Bei der vor kurzem abgeschlossenen Restaurierung dieser Seite wurden alte Schäden beseitigt, kleinere Teile ergänzt und der Bau gereinigt, wodurch das Erscheinungsbild des Denkmals wesentlich verbessert werden konnte

72. Die Westseite des Parthenon-Saals. Im Vordergrund die mit originalen Marmorfragmenten verbundenen Gipsabgüsse der im Britischen Museum befindlichen Giebelsculpturen, darüber die Metopen mit der Amazonomachie und im Hintergrund der West- und Südfries mit dem Festzug der Panathenäen

73. Die Südmetope 31 des Parthenon mit einer Szene aus der Kentauromachie. Nur aus den Metopen der Südseite ist die Qualität der Arbeit ersichtlich, da die Figuren auf den Metopen der anderen Seiten mutwillig abgeschlagen wurden. London, British Museum

74. Die Nordmetope 32, die letzte der Nordseite, wo der trojanische Krieg dargestellt war. Dies ist die einzige Metope der Nordseite, die von den Christen nicht demoliert wurde, vielleicht weil sie in der Darstellung der stehenden Iris (links) vor der sitzenden Hera eine Verkündigung Mariä sahen

Generell sind die mythischen Kämpfe auf den Metopen des Tempels als **Sinnbild der Konfrontation von Griechen und Persern** interpretiert worden. Da die antike griechische Kunst keinen Gefallen an der Wiedergabe historischer Ereignisse fand, wurden sie in symbolischer Form durch mythische Vergleiche zur Anschauung gebracht. Genau so, wie in den Tragödien zeitgenössische Fragen durch die Erzählungen von den Heroen der mythischen Vorzeit ihren Ausdruck fanden. Wir haben also eine Gegenüberstellung von historischen und mythischen Kämpfen vor uns und damit auch von deren Bedeutung und historischem Gewicht. Im Besonderen symbolisierte die Gigantomachie die Festigung der Weltordnung, und die Kentauromachie verwies auf die Bestrafung der Hybris der Barbaren. Die Amazonomachie ist als mythische Parallele der Schlacht von Marathon angesehen worden und würde in diesem Fall die Verteidigung der Stadt gegen fremde Eindringlinge symbolisieren. Allgemein gesagt sind die auf den Metopen einander gegenübergestellten Gegner die Fordernden, die Eindringlinge, die Barbaren, die Fremden (Giganten, Amazonen, Kentauren, Trojaner) auf der einen Seite und auf der anderen die Götter, die Griechen, die Athener, die Gesitteten. Man könnte hier also eine Versinnbildlichung des ewigen Gegensatzes zwischen den Mächten des Lichts und der Kultur und den Mächten der Finsternis und der Barbarei sehen.

72

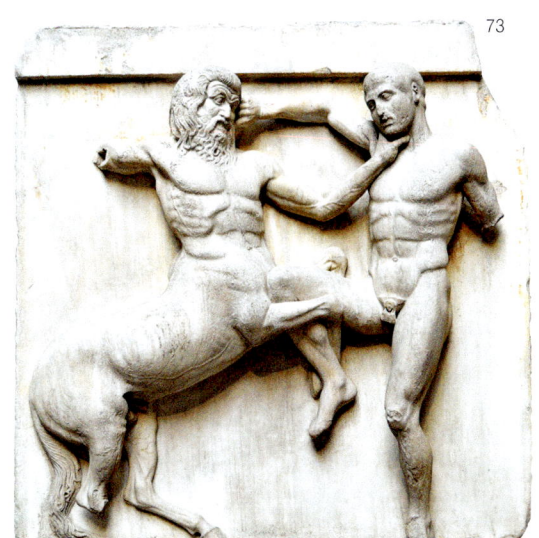

73

74

75. Die Platte XXXVI des Nordfrieses mit vier Reitern in versammeltem Galopp nach links. Die Beine von Reitern und Pferden sind rhythmisch gestaffelt

76. Die Platte XXXIV des Nordfrieses mit zwei Reitern und dem Teil eines dritten. Zwischen ihnen ein zurückgewandter Festordner. Der glanzvollste Augenblick der Panathenäen, der Festzug, ist im Fries des Parthenon in ausgewogenem und harmonischem Miteinander von Menschen, Tieren und Göttern dargestellt

Der Fries

Der 160 m lange, etwa 1 m hohe und aus 115 Reliefplatten bestehende Fries des Parthenon unterscheidet sich in der Thematik vom übrigen plastischen Schmuck. Dargestellt ist darin ein wirkliches Geschehen, der **Festzug der Panathenäen**, des größten Festes der Stadt, das alle vier Jahre zu Ehren ihrer Schutzgöttin Athena gefeiert wurde. Das seit alters bestehende Fest war 566/5 v. Chr. neu geordnet worden, und neben seiner religiösen Bedeutung war es auch ein Mittel zur Einbindung aller Bürger von Attika in den athenischen Staat. Am panathenäischen Festzug, der seinen Anfang im Kerameikos nahm und am Altar der Athena auf der Akropolis endete, nahm das gesamte athenische Volk teil, Männer, Frauen und Kinder. Sie zogen hinter den Priestern und Standespersonen im Geleit des neuen, mit einer Gigantomachie verzierten Peplos her, der an dem alten Kultbild der Athena Polias im Erechtheion dargebracht wurde. Die alle vier Jahre stattfindende Erneuerung des Peplos war eine aus alten magischen Quellen gespeiste rituelle Praxis, vermittels derer nach dem Glauben der Alten ihre Stadt erneuert und mit neuen Kräften gestärkt wurde.

Im Fries sind in idealisierter Form drei Stadien des Festzugs wiedergegeben, wozu 378 Menschenfiguren und über 220 Tiere aufgeboten wurden. Auf der **Westseite** (Abb. 77. 78) sieht man die Vorbereitung und Formierung des Festzugs, in die einem Vorschlag zufolge auch die offizielle Überprüfung der Kampfbereitschaft der Reiterei einbezogen war, die Aristoteles in der *Athenaion politeia* erwähnt.

75

In der Vorbereitungsphase des Festzugs sind 26 Reiter, Pferde und Fußgänger in verschiedenen Haltungen dargestellt, darunter auch menschliche Momente wie Zwiegespräche, das Streicheln eines Pferdes usw., welche die Atmosphäre vor dem Aufbruch einfangen. Die eindrucksvollste Szene befindet sich in der Mitte der Westseite, wo ein Reiter, den rechten Fuß fest auf einen Felsen gesetzt, sein aufgebäumtes Pferd zu bändigen sucht (Abb. 78).

Auf der **nördlichen und südlichen Langseite** ist der Festzug voll im Gang, wobei die **Reiter und Gespanne** 70% der Frieslänge einnehmen (Abb. 75. 76. 79-81. 88). Auf der Nordseite sind die Figuren nach links bewegt, auf der Südseite, die wegen der oben erwähnten Explosion die meisten Lücken hat, ist die Darstellung rechtsläufig.

Die Anordnung der Szenen ist auf beiden Seiten ähnlich, fast spiegelbildlich: Es beginnt mit einem Zug von 60 abwechslungsreich bewegten Reitern. Etwa in der Mitte erscheinen die Apobaten-Szenen, einer der populärsten Wettkämpfe der Panathenäen, ein Wagenrennen, das auf der Agora stattfand. Die mit Helm und Schild ausgerüsteten Apobaten (11 auf der Nord- und 10 auf der Südseite) sprangen bei fahrendem, von einem Lenker geführtem Wagen ab und nach kurzem Wettlauf mit dem Wagen wieder auf. Es war dies ein rein lokaler Wettkampf, der für Athen charakteristisch war und deshalb im Fries des Parthenon so hervorgehoben ist.

In Abständen treten bekleidete männliche Figuren auf, die Festordner, die zurückblicken und mit erhobener Hand das Tempo des Zuges regeln (Abb. 76).

Auf die Spannung der Wagenrennen und je näher der Zug der Ostseite kommt,

77. Ausschnitt der Platte IX des Westfrieses mit einem zum Galopp ansetzenden Reiter

78. Ausschnitt der Platte VIII des Westfrieses. Ein Reiter, vielleicht ein Offizier (Hipparchos?), bändigt sein aufgebäumtes Pferd. Das Gesicht ist im Original zerstört, ließ sich jedoch aus einem Gipsabguss wiedergewinnen, der Anfang des 19. Jhs. für Lord Elgin angefertigt wurde

76

79. Die Platte II des Nordfrieses mit drei jungen Männern, die zwei Rinder zum Opfer führen. Das zweite Rind ist störrisch und stößt mit erhobenem Kopf ein Gebrüll aus

80. Die Platte X des Nordfrieses mit sechs Thallophoroi, reifen Männern, die für Würdenträger der Stadt gehalten werden

81. Die Platte VI des Nordfrieses mit den Wasserträgern. Die ersten drei haben die Hydria schon auf die Schulter gehoben, der vierte nimmt das Gefäß vom Boden auf

folgen auf beiden Langseiten ruhigere, von Menschen dominierte Momente. So sieht man im Anschluss an die Wagen eine Gruppe reifer Männer (16 auf der Nord-, unbekannt die Zahl auf der Südseite), die Thalloi (Ölbaumsprossen) in den Händen halten und daher als Thallophoroi bezeichnet werden (Abb. 80). Sie unterhalten sich oder blicken zurück und werden gewöhnlich für Würdenträger der Stadt gehalten, hauptsächlich für Kultbeamte und Ausrichter der Kampfspiele, die bei den Panathenäen für die Vorbereitung und Durchführung aller Festveranstaltungen verantwortlich waren.

Von besonderem Interesse ist das zahlreiche Vorkommen von Tieren im Parthenonfries, seien es die prächtigen Pferde der Reiter und Gespanne oder die zum Opfer bestimmten Rinder und Widder.

Das weist auf die ursprüngliche Bedeutung von Tieren in den Ackerbau und Viehzucht treibenden Gesellschaften zurück, besonders auch hinsichtlich der alten Kult- und Festpraktiken. Doch im künstlerischen Entwurf des Frieses, vor allem auf der West-, Nord- und Südseite, haben die Tiere einen den Menschen gleichwertigen Anteil am Geschehen, auch zahlenmäßig, und wirken als ergänzendes Element der Botschaft von Pracht und Stärke, die der athenische Staat verbreiten wollte.

Fein charakterisiert sind auch die Beziehungen zwischen Menschen und Tieren. Neben Aktionen, in denen — besonders gegenüber störrischen Tieren — Beherrschung und Unterwerfung zum Ausdruck kommen, gibt es auch Bekundungen von Zärtlichkeit, die sich in einer Geste oder Liebkosung äußern, nicht nur bei den Reitern und Pferden, sondern auch gegenüber den Opfertieren.

81

82

82. Der linke Teil der Platte VI des Ostfrieses, einer der am besten erhaltenen. Poseidon, Apollon und Artemis waren durch ihre heute verlorenen Attribute gekennzeichnet: Poseidon hielt in der erhobenen linken Hand einen Dreizack, Apollon einen Lorbeerzweig und Artemis in der rechten ihren Bogen. London, British Museum

Notwendig für den Ablauf der Prozession waren ferner die Musiker, vor allem Kithara- und Aulos-Spieler, die einerseits dem Festzug den Takt vorgaben und andererseits die Opferhandlung musikalisch zu begleiten hatten. Das Opfer selbst ist nicht dargestellt, wird aber durch die Opfertiere angedeutet, insgesamt auf beiden Seiten 14 Rinder und vier Widder (Abb. 81). Zum Opfer gehören auch das Wasser, das vier junge Männer in Hydrien transportieren (Abb. 82), und die anderen Gaben für die Göttin, die von Skaphophoroi, vielleicht Metöken, auf großen Tabletts (Skaphen) getragen werden.

Auf beiden Langseiten sind, wie im ganzen Fries, die Gesichter der Figuren

bewundernswert, seien es die von reifen, bärtigen Männern oder die der unbärtigen jungen. Die meisten sind im Profil wiedergegeben, einige in unterschiedlichen Drehungen bis zur Dreiviertelansicht, keines jedoch ist frontal dem Betrachter zugewandt (Abb. 79-81). Die Gesichter sind edel, ruhevoll, von keiner heftigen Bewegung verzerrt. Alle sind in ihr Tun vertieft, zugleich aber treffen sich manche Blicke und enthüllen eine konkrete und metaphorische Innerlichkeit. Als befänden sie sich in einer nur imaginierten Situation, so wie sie da zu Stein geworden sind in einer Sternstunde der Kunst.

Auf der **Ostseite** setzt der Festzug von beiden Seiten aus mit den zehn attischen Phylenheroen und zwei Gruppen von Frauen mit Kultgeräten fort. Die Begegnung der beiden Teile findet symbolisch über der Tür der Cella beim Höhepunkt des ganzen Festes statt: der **Übergabe des neuen Peplos der Athena**. Der für religiöse Angelegenheiten zuständige Archon Basileus und ein Knabe haben soeben den Peplos zusammengefaltet, ein Augenblick, der das Ende der Prozession und den Beginn der Kulthandlungen auf der Akropolis anzeigt. Links daneben tragen zwei Mädchen, vielleicht die Arrhephoren, auf dem Kopf Sitze herbei, die von der Athenapriesterin entgegengenommen werden (Abb. 83).

Dieser Vorgang findet in Gegenwart der olympischen Götter statt, die — in zwei Gruppen geteilt — wie unbeteiligt im Gespräch miteinander dargestellt sind. Sie sitzen auf Hockern, nur Zeus hat einen mit Arm- und Rückenlehne versehenen Thron. Die Art der Wiedergabe der Götter soll vielleicht anzeigen, dass sie im Halbkreis sitzen oder dass sie für die Sterblichen unsichtbar sind. Links sieht man Hermes, Dionysos, Demeter, Ares, Hera mit der jungen Iris oder Hebe und Zeus. Rechts Athena und Hephaistos, Poseidon im Gespräch mit Apollon, Artemis und Aphrodite mit dem jungen Eros. Der Übergabe-Zeremonie im Ostfries am nächsten befinden sich damit Zeus und Athena, die auch im Ostgiebel im Zentrum standen (Abb. 82-86).

83. Die Platte V des Ostfrieses. In der Mitte ist in schlichter Form der Höhepunkt des Festes dargestellt, die Übergabe des neuen Peplos der Athena. Ein reifer Mann (wohl der für religiöse Angelegenheiten zuständige Archon Basileus) faltet den Peplos zusammen, wobei ihm ein Knabe hilft. Daneben nimmt eine Priesterin von einem Mädchen einen Sitz entgegen, eine nicht sicher zu deutende Szene. Links sitzen Zeus und Hera, neben der Iris steht, und rechts Athena und Hephaistos. Gut beobachten lässt sich an dieser Platte das Prinzip der Isokephalie, nach dem die Köpfe der Figuren sich auf gleicher Höhe befinden müssen. Die Götter wurden von den Alten stets größer als die Sterblichen dargestellt. Das ist auch hier so, doch da die Götter sitzend wiedergegeben sind, bleiben ihre Köpfe auf gleicher Höhe mit denen der stehenden Sterblichen

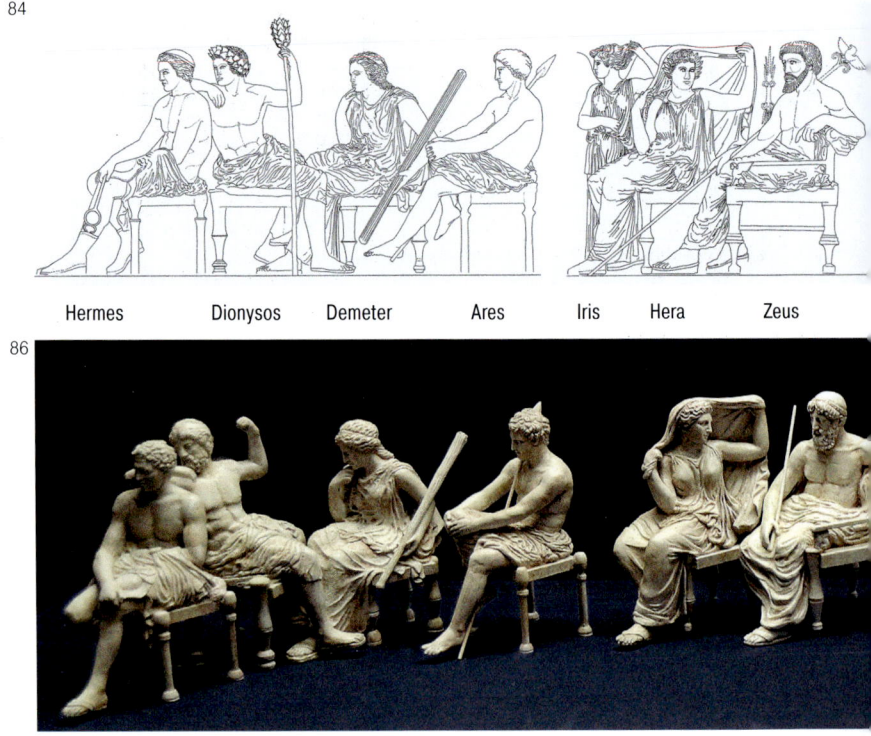

84

| Hermes | Dionysos | Demeter | Ares | Iris | Hera | Zeus |

86

Fries und Panathenäen

Es ist das erste Mal in der Architekturgeschichte, dass an der Cella eines dorischen Tempels ein ionischer Fries angebracht wurde. Der Entschluss dazu wurde nach einer Planänderung gefasst, die den panathenäischen Festzug in das Bildprogramm aufnahm, der für den athenischen Staat der vollständigste Ausdruck seines religiösen, politischen, gesellschaftlichen und geistigen Lebens war. Und an einem Bauwerk, das dazu bestimmt war, der **politischen Propaganda Athens** zu dienen, durfte das glanzvolle Fest der Panathenäen nicht fehlen. Da es keinen anderen Platz für die Darstellung des Festzugs gab, entschloss man sich, mit der etablierten architektonischen Tradition zu brechen und den Fries an der Cella anzubringen. Darüber hinaus führte der Stolz auf die Errungenschaften der Stadt dazu, dass auch das traditionelle ikonographische Verhältnis zwischen Göttern und Sterblichen umgestoßen wurde, denn im Fries des Tempels sind Sterbliche dargestellt.

Den panathenäischen Festzug muss man sich als etwas zwischen **Prozession und Parade** vorstellen, insofern er sowohl religiös-kultische als auch politisch-militärische, 'nationale' Elemente enthielt. Zu den religiösen zählten der festliche Rahmen, die Rangfolge der Teilnehmer, die Mitführung von Kultgerät und Opfergaben, die Darbringung des neuen Peplos der Göttin. Politisch-militärisch bestimmt waren die Inspektion und Vorführung der athenischen Reiterei, die von den oberen Klassen der Bürger gestellt wurde, und die Demonstration von Mut und Tapferkeit in dem spezifisch athenischen Wettkampf der Apobaten. Ferner hatte der Zug der 'strahlenden Jugend', der Epheben und der schönen Mädchen mit den Opfergaben, auch einen emotionalen

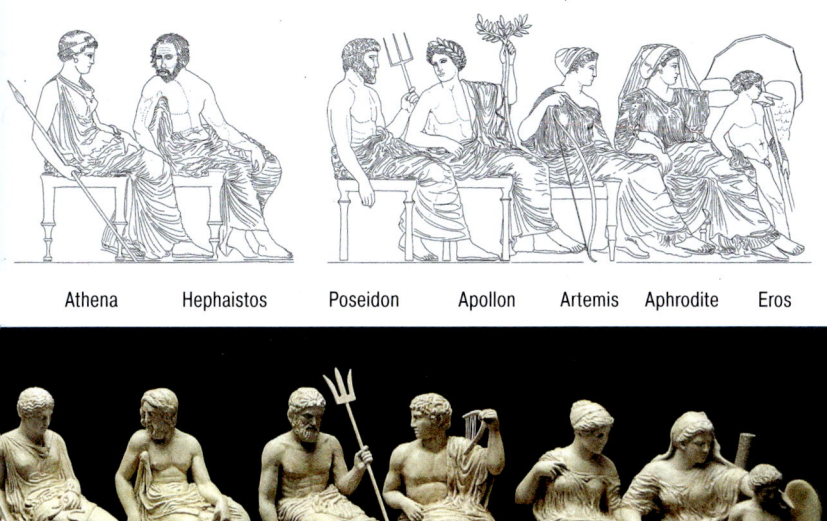

| Athena | Hephaistos | Poseidon | Apollon | Artemis | Aphrodite | Eros |

Effekt. All das erfüllte Eltern und Mitbürger mit Stolz, stärkte das politische und 'nationale' Selbstbewusstsein und diente zugleich als Mittel, um aller Welt, Feinden wie Bundesgenossen, die Stärke Athens zu demonstrieren. Die Panathenäen waren ein Fest zu Ehren der Göttin, aber auch eine Demonstration der Größe und Geltung der Stadt.

Fries und Kunst
In künstlerischer Hinsicht ist der Fries ein unvergleichliches Meisterwerk: mit kleinen, verhaltenen Bewegungen beginnt der Festzug an der Westseite, an den Langseiten kommt er zur vollen Entfaltung in der gesteigerten Bewegung der Reiter und Gespanne, um danach einzumünden in die göttliche Ruhe der Ostseite, die andeutet, dass der Festzug im Heiligtum auf der Akropolis angekommen ist.

Aber auch jede Seite für sich betrachtet: die bis in die kleinste Einzelheit vollendete Wiedergabe der Figuren, die abwechslungsreiche Vielfalt der Motive (Fußgänger, Reiter, Gespanne, Tiere) und die Variationsbreite der figürlichen Einzelmotive, die kompositorisch aufeinander bezogenen Bewegungen und Gesten, der abwechslungsreich wiedergegebene Galopp der Pferde, die bewundernswerte Staffelung der Figuren bei geringer Reliefhöhe — durch alle diese Kunstgriffe wird nicht nur die Gefahr der Wiederholung und Monotonie vermieden, sondern im Gegenteil Rhythmus geschaffen, ein steter, musikalischer Fluss mit Ballungen und Lockerungen, der in gezügelter Freiheit die gesamte Darstellung durchzieht. Erkennbar ist darin ein ideales Gleichgewicht von Anmut und Kalkül, eine

84-85. Die im Ostfries beiderseits der Übergabe des Peplos dargestellten zwölf olympischen Götter mit ihren Attributen (Rekonstruktion M. Korres). Die Darstellungen des Frieses verbinden die Welt der Menschen mit der Welt der Götter und haben zugleich religiösen und politischen Sinngehalt

86. Modell der im Ostfries dargestellten Götter. Die Anordnung der beiden Gruppen im Halbkreis soll wohl anzeigen, dass die Götter abgesondert und für die Sterblichen unsichtbar sind (3D-Modell Projekt des Parthenon-Frieses von Rui Nakamura)

harmonische Verbindung von Gesetz und Ordnung einerseits und Vielfalt und Schönheit des Lebens andererseits.

Fries und Politik

Ein großes Werk erfährt gewöhnlich viele verschiedene Deutungen, besonders wenn es sich, wie im Fall des Frieses, um eines der am stärksten mit Symbolismen und Bedeutungen aufgeladenen Werke in der Geschichte der Kultur handelt. Als Darstellung des Festzugs der Panathenäen wurde der Fries schon 1753 von den europäischen Reisenden Stuart und Revett gedeutet. Seither sind zu verschiedenen Zeiten immer wieder erweiterte Deutungen beigetragen und neue Aspekte aufgespürt worden. Eine der eindringlichsten Studien hält dafür, dass die Reiter im Südfries zu Zehnergruppen geordnet sind, im Nordfries hingegen zu Vierer- oder Zwölfergruppen, und kommt von daher zu der Annahme, dass im Fries eine zweifache Darstellung der sozialen Zusammensetzung und Verfassung des athenischen Staates vorliege: auf der Seite mit den Vierer- oder Zwölfergruppen die alte Einteilung in die vier Klassen Solons oder die zwölf vorkleisthenischen Phratrien, auf der Seite mit den Zehnergruppen hingegen die neue, von Kleisthenes eingeführte Einteilung der Bürgerschaft in zehn Phylen, also die demokratische Verfassung der Stadt. Demgemäß würde im Fries die Vergangenheit und die Gegenwart Athens gezeigt, die Herkunft der demokratischen Staatsverfassung und ihre Fortsetzung, und zwar in dem Bemühen um Ausgleich der inneren Gegensätze und Besänftigung der politischen Leidenschaften — eine **Verherrlichung der athenischen Demokratie** also.

Neuere Untersuchungen kommen zu einer anderen Deutung. Da der Fries keine realistische, sondern eine idealisierte Darstellung des Festzugs gibt, werden einige Aspekte wie die Parade der bewaffneten Fußsoldaten und die Gesandten der Bundesgenossen übergangen, andere hingegen überbetont, so der Auftritt der Reiterei, der 46% des Frieses einnimmt. Auch besteht in der Darstellung keine Einheit von Raum und Zeit, weil in den Festzug Veranstaltungen wie z.B. der Apobaten-Wettkampf

87

einbezogen sind, die an einem anderen Tag stattfanden. Aufgrund dessen wird vorgeschlagen, dass im Fries — mit Ausnahme der Ostseite — nicht nur der Festzug der Panathenäen dargestellt sei, sondern dass es sich um eine selektive Mischung von Kultveranstaltungen aus allen Festen der Stadt handele, folglich um den Ausdruck der Frömmigkeit der Athener gegenüber allen ihren Göttern, die in der Mitte der Ostseite versammelt sind und zuschauen. Und zwar hätten die Athener dadurch, dass sie alle Götter als Zuschauer bei dem Fest darstellten, nicht nur dieses und sich selbst in eine höhere Sphäre gehoben, sondern auch die ständige Gegenwart der Götter in der Stadt betont, die damit unter deren Schutz gestellt wurde.

Unabhängig aber von allen Deutungsvorschlägen stellt der Fries zweifellos *das* Denkmal der Errungenschaften Athens schlechthin dar, eine Verherrlichung der Ideale und der Werke seiner Bürger. Damit ist der Fries Ausdruck der religiösen, politischen und sozialen Identität der Stadt.

Die Farbigkeit der Bauwerke

Das Bild der ursprünglichen Form des Parthenon wie überhaupt aller antiken griechischen Bauwerke wäre unvollständig, würde nicht auch ihre Farbigkeit rekonstruiert (Abb. 55. 67). Der obere Teil der Tempel über dem Architrav war zur Akzentuierung der architektonischen und plastischen Elemente farbig gefasst. Die Triglyphen waren blau getönt, der Reliefgrund der Metopen blau oder rot, und blau war auch der Grund des Giebels und des figürlichen Frieses (Abb. 87. 88).

Die Figuren der Menschen und der Tiere muss man sich ebenfalls farbig vorstellen. Die nackten Teile der Männer waren hellbraun gefärbt, die der Frauen hingegen weiß belassen. Die Gewänder waren abwechslungsreich bemalt, besonders die der Frauen, so dass der Darstellung eine leuchtende Polychromie verliehen war.

87. Perikles und Aspasia lassen sich von Phidias den fertiggestellten Fries des Parthenon zeigen, Gemälde von L. Alma Tadema (1868). Die Szene ist fiktiv, könnte sich aber durchaus so zugetragen haben, wie hier gezeigt. Birmingham Museum and Art Gallery

88. Ausschnitt des Nordfrieses mit Reitern in der erhaltenen (links) und in farbig rekonstruierter Form (P. Connolly). Der Reliefgrund des Frieses war blau getönt, die Gewänder der Reiter und die Pferde waren verschiedenfarbig bemalt, womit dem weißen Marmor Lebendigkeit und ein natürlicher Ausdruck verliehen war

89-90. Modelle des Ostgiebels (oben) und des Westgiebels (unten) des Parthenon von K. Schwerzek aus der Zeit um 1900. Die Rekonstruktion der Figuren ist zwar überholt und weicht in vielen Punkten vom heutigen Stand der Forschung ab, die Modelle können aber immer noch einen gewissen Eindruck von der Vielfigurigkeit und Dichte der Giebelkompositionen vermitteln

Die Giebel

Die Giebelkompositionen des Parthenon sollte man zuerst in den im Vorraum des dritten Obergeschosses ausgestellten verkleinerten Rekonstruktionen betrachten, bevor man die nur fragmentiert erhaltenen Skulpturen selbst ansieht. In diesem Vorraum sind auch ein Modell des Tempels sowie Marmorstelen mit den Bauabrechnungen der Epistaten und den Ausgaben für das Kultbild ausgestellt, ferner Ehreninschriften u.a.

Die Giebel sind Begebenheiten aus dem Mythos der Athena, der Herrin des Tempels, gewidmet und umfassten je 24 vollrund gearbeitete Skulpturen, die in den Jahren 437-432 v. Chr. entstanden. Im Ostgiebel, an der Hauptseite des Tempels, war die **Geburt der Athena** aus dem Haupt des Zeus dargestellt (Abb. 89. 95). Das Thema ist durch antike Beschreibungen überliefert, die genaue Anordnung der Figuren ist jedoch unbekannt, da sie offenbar in frühchristlicher Zeit verloren gingen. Von den vielen Rekonstruktionsvorschlägen hat die Annahme am meisten für sich, dass statt des Augenblicks der Geburt eher eine Art Epiphanie der großen Götter dargestellt war, da die bewaffnete Athena bereits in voller Größe gleichwertig neben

ihrem Vater stand, der wohl thronend wiedergegeben war, wobei eine kleine Nike zwischen ihren Häuptern schwebte. Die links und rechts davon dargestellten Götter waren in je zwei Gruppen geschieden: die näher befindlichen hatten die Geburt wahrgenommen und bestaunten das Wunder, die übrigen waren von dem Ereignis noch nicht unterrichtet und befanden sich abgeschieden in sorglosem Gespräch miteinander. Neben Zeus wird Hera mit der Götterbotin Iris anzusetzen sein und neben Athena Hephaistos, der dem Mythos nach das Haupt des Zeus mit der Axt geöffnet hatte. Darauf folgten die stehend oder sitzend wiedergegebenen übrigen Götter (rechts Poseidon, Apollon, Artemis und Hermes, links Aphrodite, Ares, Demeter, Persephone und Dionysos), für deren Anordnung von der Forschung zahlreiche Vorschläge gemacht worden sind. In den Giebelecken erscheinen links das aufsteigende Viergespann des Helios und rechts das im Meer versinkende Gespann der Selene, womit das Geschehen nicht nur zeitlich umrissen, sondern auch in die kosmische Ordnung der Weltharmonie einbezogen wird.

Im Zentrum des Westgiebels war zum ersten Mal in der antiken Kunst der **Streit Athenas und Poseidons** um den Besitz der Stadt dargestellt (Abb. 90. 72). Die Wahl Athenas versteht sich von selbst, indes die des Poseidon als Gegner der Göttin nicht

91. Die Nordostecke des Gebälks und des Giebels des Parthenon mit als Nike rekonstruiertem Eckakroter und Angabe der Verankerung der Statue im Akroterkasten (M. Korres). An der Traufseite ein Löwenkopf-Wasserspeier, in der Giebelecke die Gespannpferde der Selene, darunter die Eckmetope der Gigantomachie mit dem Viergespann des Helios

92. Die Mittelakrotere des Parthenon bestanden aus einem von Palmetten bekrönten Akanthosgewächs. Eins davon ist im Museum durch Ergänzungen vervollständigt

als Antagonismus aufgefasst werden darf, sondern als Ehrenbezeigung gegenüber dem Anspruch eines Gottes, der das Meer und damit die nautischen Belange des attischen Seebundes in der Ägäis beschützte. Neben den Göttern waren ihre Gaben dargestellt, der Ölbaum — wohl eher aus Metall als aus Marmor — und das Wasser, das aus einem Felsen zu Füßen Poseidons entsprang. Zwischen ihnen erschien sehr wahrscheinlich der Blitz des Zeus, der einerseits den Streit beendete und andererseits das künstlerisch wirkungsvolle Auseinanderfahren der beiden Götter bewirkte, das als phidiasisches V bezeichnet worden ist. Zu Seiten der Mittelgruppe waren die Gespanne der beiden Götter dargestellt, deren aufgebäumte Pferde die zentrale 'Explosion' aufnahmen, so dass sie die Wagenlenker mit sich zogen. Der Ausgang des Kampfes wurde von den Götterboten Hermes und Iris den Heroen und Urkönigen der Stadt überbracht, die ruhig am Rande saßen.

Stil und hermeneutische Annäherung

Die Giebelkompositionen sind vielfigurig und dicht gedrängt. Dennoch fügen sich die Figuren nicht nur glatt in den schwierigen Rahmen des Giebeldreiecks ein, sondern der Meister hat den Nachteil des Raumes in einen Vorzug verwandelt und die Götter durch Variation der Haltungs- und Bewegungsmotive mit solcher Leichtigkeit dem Dreieck eingepasst, dass der Eindruck entsteht, als entwickelten sie sich in ihrem natürlichen Raum und als seien dies ihre natürlichen Haltungen. Die meisten zentralen Figuren gingen früh verloren, doch ist anzunehmen, dass Zeus und Athena im Ostgiebel und Athena und Poseidon im Westgiebel über 3,20 m hoch und von einer herrscherlichen Großartigkeit waren, wie sie ihnen nur Phidias zu geben vermochte. Die Spannung und Erregung der Mittelgruppen setzt sich wie eine Welle nach den Seiten hin fort. Von einem bestimmten Punkt an wird die Komposition ruhiger, wobei Figuren jeden Alters und Geschlechts dem Geschehen eher nur beiwohnen als daran teilnehmen, während die Eckfiguren — Helios und Selene im Ostgiebel und die liegenden Heroen und Flussgötter im Westgiebel — die Kompositionen konkret und symbolisch abschließen.

Wir haben hier zwei mythologische Themen vor uns, die mit einem **neuen, symbolischen Sinngehalt** erfüllt sind, so dass sie sich in das politisch-ideologische Programm des plastischen Schmucks einfügen. Was betont wird, ist in erster Linie die Gegenwart und die entscheidende Rolle Athenas in der Geschichte der Stadt. Von dem schöpferischen Augenblick ihrer Geburt im Ostgiebel bis zu ihrem Zusammenprall mit Poseidon im Westgiebel zielt alles, was auf göttlicher Ebene geschieht, auf den Ruhm Athens ab. Das Bestreben der Athener ging dahin zu zeigen, dass die gesamtgriechische Athena in höherem Maße ihre oder sogar nur ihre Göttin war.

Eindruck macht noch ein anderer Umstand: Während bei anderen Giebelkompositionen das Einzige, was interessierte, der zentrale Auftritt der jeweils verehrten Gottheit war, erschienen am Parthenon im Ostgiebel und im Ostfries sämtliche Götter — der glanzvollste Auftritt der Familie der Olympier in der gesamten antiken Kunst. Die Athener beanspruchten die Aufmerksamkeit aller Götter, weil sie sich im Mittelpunkt der Welt glaubten. Sie wollten zeigen, dass die Götter geboren werden, sich interessieren, leiden und kämpfen für diese ihre geliebte Stadt. Indem sie Athena die Gabe des Ölbaums zuschrieben, beanspruchten sie für ihre Stadt auch die Erfindung der Olivenbaumkultur, die einer der wichtigsten Landwirtschaftszweige war.

Im Westgiebel wurde der Streit der Götter bedeutungsvoll von den alten Königen und Führern der Stadt gerahmt, die über die Wahl des Gottes entschieden, womit ihre Macht angedeutet war. Auch unterstrich die Gegenwart aller mythischen und historischen Vorfahren die Würde der Autochthonie der Athener. Denn in der politischen Argumentation der alten Griechen war die Zurückführung von Ansprüchen aller Art auf Vorfahren und Götter oder Heroen ein grundlegender Beweis, weshalb deren Anwesenheit dokumentiert werden musste.

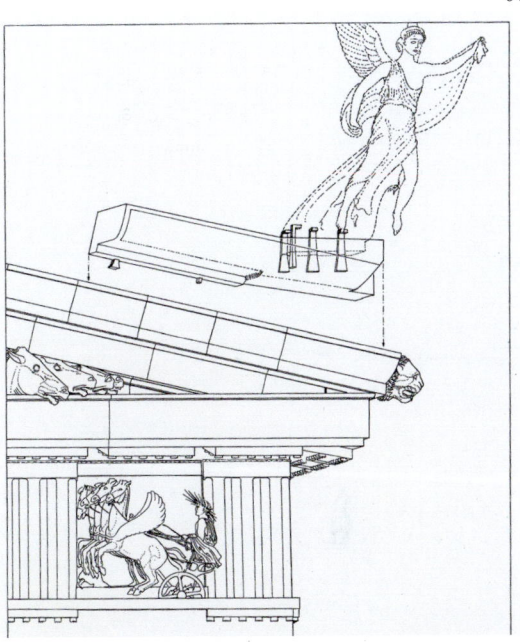

Die Akrotere

Zum plastischen Schmuck des Tempels gehören auch die Akrotere, das sind die den Scheitel und die Ecken der Giebel bekrönenden Aufsätze. Über dem Scheitel der beiden Giebel erhob sich ein mehr als 4 m hoher vegetabiler Aufsatz, ein emporwachsendes, Voluten bildendes Akanthosgewächs, das von Palmetten bekrönt war (Abb. 92). Als Eckakrotere rekonstruierte man früher Anthemien, aus Ranken aufsteigende Palmetten (Abb. 62. 70). Heute wird jedoch angenommen, dass es große Niken aus Marmor waren, die mit erhobenen Flügeln und ausgestrecktem Arm über den Rand des Daches hinausragten und eine dynamische Ergänzung des plastischen Schmuckes bildeten, nicht zuletzt auch im Hinblick auf die Siegessymbolik des Tempels (Abb. 91. 45).

93. Längsschnitt durch den Parthenon, aus dem die innere Gliederung des Tempels und die Position des Kultbildes in der Cella ersichtlich sind (A. Orlandos)

94. Die Athena vom Varvakion, eine verkleinerte und vereinfachte Marmorkopie der Kultstatue des Phidias, die 600 Jahre nach dem Original angefertigt wurde (1. Hälfte 3. Jh. n. Chr.). Ein Zeugnis von vielen für die dauerhafte Bewunderung, die der Schöpfung des Phidias entgegengebracht wurde

Das Kultbild

Zu erwähnen ist schließlich noch das Kultbild des Parthenon, die 12,75 m hohe Goldelfenbeinstatue der Athena Parthenos, die ein Werk des Phidias war und im Hintergrund der Cella stand, eingefasst von der zweietagigen dorischen Säulenstellung (Abb. 93). Erhalten ist davon lediglich die Einlassung für den zentralen Mast des hölzernen Kerns der Statue im Fußboden des Tempels. Das Aussehen der Statue ist uns jedoch aus Beschreibungen antiker Autoren und durch ca. 200 kleinere Kopien und andere Wiedergaben in verschiedenen Kunstgattungen gut bekannt. Die vollständigste Kopie ist die rund 1 m hohe Athena vom Varvakion, die in Athen bei der Fundamentierung eines Schulgebäudes gefunden wurde und in die erste Hälfte des 3. Jhs. n. Chr. zu datieren ist (Abb. 94).

Die originale Statue bestand aus einem inneren Holzgerüst, an dem das Gesicht und die Arme der Göttin, die aus Elfenbein waren, sowie das aus Goldblechen von insgesamt 1150 kg geformte Gewand befestigt waren. Interessant ist, dass die Statue und ihr Beiwerk (Nike auf der Hand, Helm, Schild, Sandalen, Basis) reichen plastischen Schmuck trugen, der dieselben Themen wie die Skulpturen der Außenseite des Tempels zum Inhalt hatte. Das bietet eine wichtige Stütze für die Annahme, dass Phidias, der Schöpfer des Kultbildes, auch der Meister war, der den gesamten Skulpturenschmuck des Tempels entwarf. Der plastische Schmuck des Kultbildes veranschaulichte das Wesen der Göttin und erklärte ihre Bedeutung für Athen.

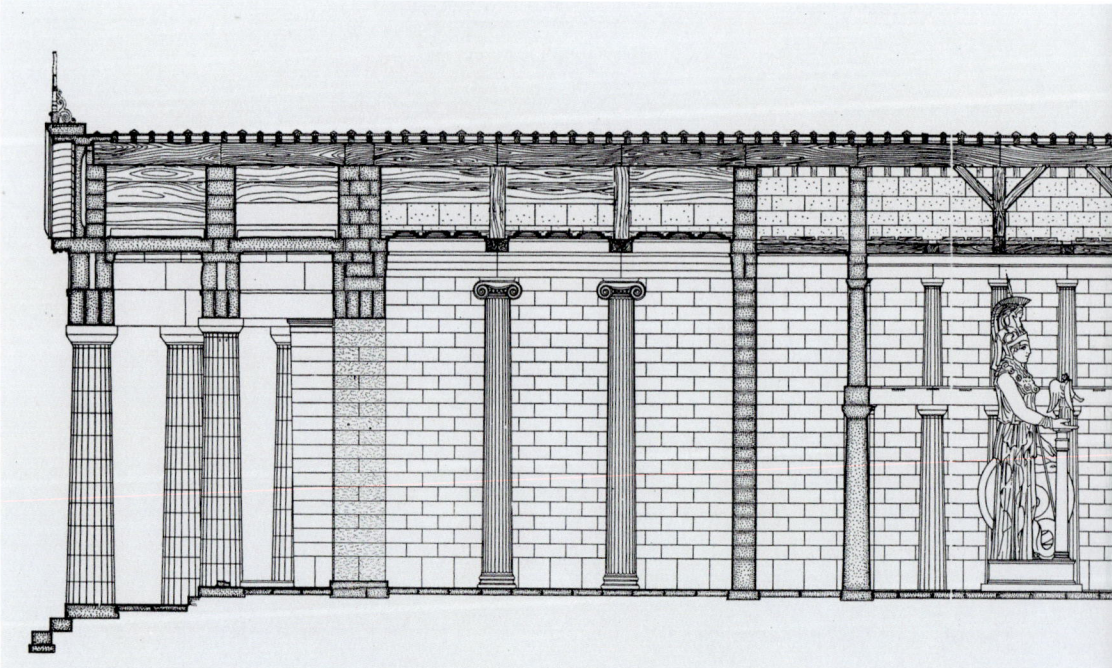

93

Ideologie und Politik an den Bauten der Akropolis

Trotz aller Neuerungen, die das unter Perikles entworfene Bauprogramm des athenischen Staates auf der Akropolis enthielt, schlossen sowohl die Architektur als auch die Plastik der Bauten die gesamte Tradition des Ortes und der vorangegangenen Heiligtümer ein. Alle diese alten Formen, Traditionen und Werte nahmen aber jetzt nicht nur eine neue Ausdrucksform auf künstlerischer und ideologischer Ebene an, sondern erhielten auch erhöhte Symbolkraft, so dass sie die von der Stadt hervorgekehrten **neuen Botschaften der Stärke und Hegemonie** übermittelten.

Wie bei allen großen Werken ist am Parthenon nichts zufällig. Das wird bei der Betrachtung des plastischen Schmucks deutlich, bei der die einheitliche Auffassung und das Gewebe, das Themen, Gruppen und Einzelfiguren zusammenhielt, zutage treten. Enthalten waren darin klare politische Botschaften, die a) zeigen sollten, dass Athen die von den Göttern geliebte Stadt war; b) die Bodenständigkeit der Athener belegen und c) ihre Rolle in den Kämpfen gegen und bei den Siegen über mythische und historische Feinde hervorheben sollten, um den Anspruch auf gesamtgriechische Vorherrschaft zu rechtfertigen. Diese beiden Wertbegriffe, der Kampf und der Sieg, sind Motive, die bald in aller Deutlichkeit, bald andeutungsweise die Figuren und Themen bei allen Bauten durchzogen.

Der plastische Schmuck des Parthenon war von oben nach unten in **wertender Unterscheidung** aufgebaut. Zugleich gab es auch eine horizontale

95. Der Ostgiebel und die Ostmetopen des Parthenon mit Blick auf die Akropolis und den Tempel. Der unmittelbare Sichtkontakt kann künstlerische und historische Bezüge besser verständlich machen

Abstufung von Ost nach West, weil die Ostseite des Tempels wichtiger war als die Westseite. So herrschten in den Giebeln, die der himmlischen Ebene entsprechen, die Götter vor. Im Ostgiebel waren ausschließlich Götter dargestellt, teils als Protagonisten und teils als Zuschauer.

Der Westgiebel zeigte ebenfalls Götter als Akteure, als Zuschauer und Schiedsrichter aber Heroen. Unterhalb der Giebel waren auf den Metopen, die der heroischen Ebene entsprechen, mythische Themen zwar mit Göttern in der Gigantomachie der Ostseite, auf den übrigen Seiten aber nur mit Heroen wiedergegeben. Auf der irdischen Ebene sodann, im Fries, haben wir zum einzigen Mal in der antiken Kunst auf drei Seiten Sterbliche als Protagonisten, die Athener, und auf der Ostseite alle Götter, und zwar als Zuschauer der Menschen und ihres Tuns! Es handelt sich um ein **bewusstes Nebeneinander von göttlicher und menschlicher Ebene**, das hier sicher in verhaltener, aber auch nicht sonderlich

bescheidener Weise zum Ausdruck kommt, was von manchen Interpreten als Überheblichkeit der Athener aufgefasst worden ist. Immerhin handelt es sich um Kunstwerke im Dienst der Politik, ein Umstand, der gewisse Übertreibungen erklären könnte. Das tut der Größe und dem Wert der Werke jedoch keinen Abbruch.

Wie dem auch sei, und unabhängig von den gelegentlich übertriebenen Deutungen, die über die tatsächlichen Absichten der Urheber hinausgehen mögen, ist eines absolut sicher: Die groß gedachten Pläne des Perikles und seines Kreises und ihre Umsetzung durch die athenische Demokratie haben nicht nur das beabsichtigte Ziel erreicht, Athen zur führenden Stadt der griechischen Welt zu machen, sondern gelungen ist damit auch etwas, was die Urheber sich nicht vorgestellt haben: dass ihre Werke die Zeiten überdauern und sich als Schöpfungen einer geistigen und künstlerischen Sternstunde in der Geschichte der Kultur erweisen würden.

LITERATUR

A. Orlandos, *Η αρχιτεκτονική του Παρθενώνος* (1977).

J. Boardman, *Greek Sculpture. The Classical Period* (1985).

M. Korres, *Vom Penteli zum Parthenon* (1992).

Ch. Bouras, M. Korres, N. Toganidis, *Μελέτη αποκαταστάσεως του Παρθενώνος* (I-V, 1983-1994).

T. Tanoulas, *Μελέτη αποκαταστάσεως των Προπυλαίων* (1994).

D. Ziro, *Μελέτη αποκαταστάσεως του ναού της Αθηνάς Νίκης* (1994).

R. Economakis (ed.), *Acropolis Restoration. The CCAM Interventions* (1994).

P. Tournikiotis (ed.), *The Parthenon and its impact in modern times* (1994).

R.F. Rhodes, *Architecture and Meaning on the Athenian Acropolis* (1995).

M. Korres, Τοπογραφικά ζητήματα της Ακροπόλεως, in: M. Grammatikopoulou (I Irsg.), *Αρχαιολογία της πόλης των Αθηνών* (1996), 57-106.

M. Bruskari, *Τα μνημεία της Ακρόπολης* (1996).

I. Trianti, *The Acropolis Museum* (1998).

O. Palagia, *The Pediments of the Parthenon* (1998).

M. Korres, G. Panetsos, T. Seki (Hrsg.), *Ο Παρθενών. Αρχιτεκτονική και συντήρηση* (1999).

J. Hurwit, *The Athenian Acropolis. History, Mythology, and Archaeology from the Neolithic Era to the Present* (1999).

M. Korres, Κλασική αθηναϊκή αρχιτεκτονική, in: Ch. Bouras u.a. (Hrsg.), *Αθήναι. Από την κλασική εποχή έως σήμερα* (2000), 5-45.

C. Hadziaslani, *Promenades at the Parthenon* (2000).

G. Gruben, *Griechische Tempel und Heiligtómer*[5] (2001).

J. Neils, *The Parthenon Frieze* (2001).

B. Holtzmann, *L'Acropole d'Athènes. Monuments, cultes et histoire du sanctuaire d'Athina Polias* (2003).

J. Hurwit, *The Acropolis in the Age of Pericles* (2004).

A. Delivorrias, *Η Ζωφόρος του Παρθενώνος* (2004).

M. Cosmopoulos (ed.), *The Parthenon and its Sculptures* (2004).

J. Neils (ed.), *The Parthenon from Antiquity to the Present* (2005).

St. Eleftheratou (Hrsg.), *Το Μουσείο και η ανασκαφή. Ευρήματα από τον χώρο ανέγερσης του νέου Μουσείου της Ακρόπολης* (2006).

C. Hadziaslani, E. Kaimara, A. Leonti, *Τα γλυπτά του Παρθενώνα* (2009).

A. Scholl, Τα αναθήματα της Ακροπόλεως από τον 8ο-6ο αι. π.Χ. και η συγκρότηση της Αθήνας σε πόλη-κράτος, *Αρχαιολογία και Τέχνες* 113, Dez. 2009, 74-85.

Chr. Vlassopoulou, St. Eleftheratou, A. Mantis, E. Touloupa, A. Choremi, *Ανθέμιον* 20, Dez. 2009, 6-34.

Γνωρίζοντας την Ακρόπολη. Οι ειδικοί μιλούν για τον ιερό βράχο, Σκάι βιβλίο (2010).

E. Greco, *Topografia di Atene. Sviluppo urbano e monumenti dalle origini al III secolo d.C.* (2010).

Chr. Vlassopoulou, *Ακρόπολη και Μουσείο. Σύντομο ιστορικό και περιήγηση*[3] (2011).

A. Papanikolaou, *Η αποκατάσταση του Ερεχθείου 1979-1987* (2012).

ABBILDUNGSNACHWEIS

ARCHIVE/PHOTOGRAPHEN
ARCHIV EDITIONEN KAPON: Abb. 26. 54. 90 • S. 1-4; Abb. 3. 4. 22. 23. 34. 41. 49. 86 Foto M. Kapon • Abb. 6. 7. 8. 9. 11. 12. 14. 20. 21. 25. 27. 30. 31. 32. 33. 35. 36. 37. 38. 39. 42. 43. 44. 51. 52. 56. 57. 59. 60. 61. 72. 75. 76. 77. 78. 79. 80. 81. 82. 95 Foto S. Mavrommatis • Abb. 18. 24. 94 Foto Chr. Iosifidis - G. Moutevellis • Abb. 50 Foto D. Plantzos
© AKROPOLIS-MUSEUM: Abb. 5 Foto N. Daniilidis • Abb. 10. 89 Foto V. Tsiamis • Abb. 15. 16. 17 Foto H. Kosintas • Abb. 19. 74 Foto S. Mavrommatis
ARCHIV ARCHÄOLOGISCHE GESELLSCHAFT: Abb. 69
ARCHIV A. KOKKOU: Abb. 48. 53
ARCHIV M. KORRES: Abb. 40. 45. 63. 64. 84. 85. 91
ARCHIV AKROPOLIS - RESTAURIERUNGSDIENST (YSMA): Abb. 58. 71
BRITISH MUSEUM © THE TRUSTEES OF THE BRITISH MUSEUM: Abb. 47. 73. 83
VISUAL HELLAS: Abb. 55. 67. 87. 88
N. DANIILIDIS: Abb. 92
K. KAZAMIAKIS: Abb. 13

PUBLIKATIONEN
A. Papageorgiou-Venetas, *The Athenian Walk and the Historic Site of Athens*, Kapon Editions, Athen 2010: Abb. 1
P. Valavanis (ed.), *Great Moments in Greek Archaeology*, Kapon Editions, Athen 2007: Abb. 2
I. Papantoniou, *Greek Dress. From Ancient Times to the Early 20th Century*, Emporiki Bank, Athen 2000: Abb. 28
M. Moore, *AJA* 99, 1995, 633-639, fig. 7: Abb. 29
A. K. Orlandos, *Η αρχιτεκτονική του Παρθενώνος*, Βιβλιοθήκη της εν Αθήναις Αρχαιολογικής Εταιρείας, Athen 1995: Abb. 62. 93
D. Harris, *The Treasures of the Parthenon and Erechtheion* (1995) fig. 1: Abb. 65
J.J. Coulton, *Greek Architects at Work* (1977)108, fig. 44: Abb. 66
G.P. Stevens, The Periclean Entrance Court of the Acropolis of Athens, *Hesperia* 5, 1936, 443-520: Abb. 68
G.P. Stevens, The Setting of the Periclean Parthenon, *Hesperia Suppl.* 3 (1940): Abb. 70

GESTALTUNG: **RACHIL MISDRACHI-KAPON**
GESTALTERISCHE BERATUNG: **MOISIS KAPON**
LEKTORAT: **UTE NAUMANN**
DTP: **ELENI VALMA, MINA MANTA**
BILDBEARBEITUNG: **MICHALIS TZANNETAKIS**